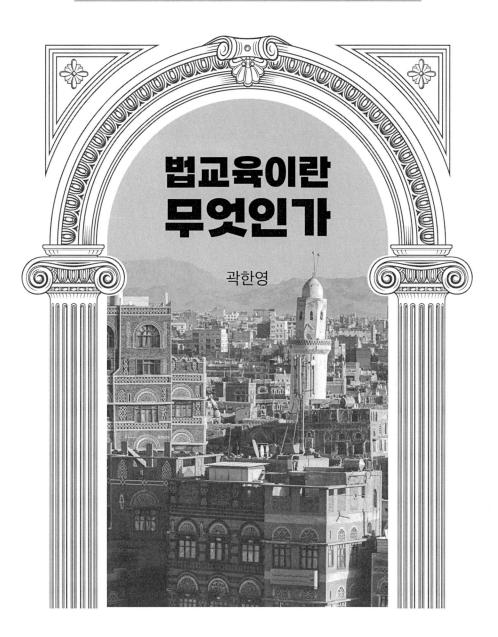

LAW-RELATED EDUCATION

법교육이란 무엇인가

곽한영

박영story

"이 과제는 부산대학교 기본연구지원사업(2년)에 의하여 연구되었음"

"This work was supported by a 2—Year Research Grant of Pusan National University"

머리말

　어떤 분야의 연구가 하나의 '학문'으로 자리를 잡게 되는 것은 결코 쉬운 일이 아닙니다. 우리나라에서 법교육은 개화기 이후 줄곧 중요한 교육영역으로 존재해왔지만 '사회과'의 부분적인 내용요소로만 다루어지다보니 법학 교육과의 차별성이 제대로 인식되지 못한 가운데 나중에 법조인이 되고 싶은 학생들을 위한 예비 교육 혹은 생활 법률 상식을 가르치는 것이라는 막연한 인식을 가진 분들이 대부분이었습니다. 민주 시민 교육의 핵심으로서 근대적 법의식, 주인의식과 참여의지를 길러주는 시민성 교육이라는 점이 간과되어 온 것이지요.

　우리나라에서 법교육에 관한 논의가 본격적으로 시작된 것은 2006년을 전후한 시점이었습니다. 당시 대학원에서 박사과정을 밟고 있던 저는 운 좋게도 그 시작 지점에서부터 법교육의 발전과정을 지켜보고 참여하는 영광을 누릴 수 있었습니다. 당시 한국법교육센터와 한국법교육학회라는 민간단체를 중심으로 서울대, 법무부, 대법원 등 여러 기관과 협력하면서 참 많은 사업과 연구를 했는데 어딜 가나 '법 교육'이라고 띄어쓰기를 하시는 분들이 많아서 이걸 '법교육'이라고 바꾸는데 아주 많은 시간이 걸렸습니다. 돌아보면 겨우 한 칸의 띄어쓰기지만 이 띄어쓰기가 없어지는 과정이 법교육이 일반 명사로, 하나의 학문분과로 자리잡아가는 과정이 아니었을까 생각합니다.

이제 법교육 관련 학회도 '법과 인권 교육학회'를 비롯해 여러 개로 늘어났고 연구자도 많아졌으며 교육영역에서도 법교육을 당당한 하나의 분과 학문으로 받아들이는 분위기가 자리잡은 듯합니다. 그래서 이 시점에서 바닥을 다지는 의미에서 다시 한번 '법교육'이란 무엇인가, 무엇이 다르고 왜 필요하며 어떻게 접근해야 하는가에 대한 근본적인 질문이 필요하다는 생각이 들었습니다. 비교하기엔 조심스럽습니다만 존 스튜어트 밀의 '자유론', 막스 베버의 '직업으로서의 학문', 장폴 사르트르의 '지식인을 위한 변명'처럼 가장 기본이 되는 개념에 대한 정밀한 철학적, 역사적 고민이 바닥에 깔려있어야만 그 위에 학문의 탑이 튼튼하게 쌓아올려질 수 있다는 생각이었다고나 할까요.

　　그래서 이 책은 모든 분들이 쉽게 접근할 수 있도록 구어체로, 비교적 짧은 분량으로 서술되었습니다. 여기서 강연의 형식으로 제가 풀어놓은 이야기들은 실제로 지난 약 30년의 강의경력 동안 수도 없이 반복해서 이야기하면서 수정하고 다듬은 강연내용들이기도 합니다. 부디 이 책이 법교육을 처음 접하시는 분들, 대학의 학부생이나 연구자의 길을 걸어가시려는 대학원생분들께 작은 디딤돌이 되기를 바라는 마음입니다.

　　이 모든 일들의 시작, 저에게 법교육에 관한 모든 길을 알려주고 이끌어주신 존경하는 박성혁 교수님께 이 책을 바칩니다. 부끄럽지 않은 제자가 되겠습니다. 감사합니다.

저자 곽한영

차례

Chapter

01

법의 의미와 특성

LAW

1. 법은 강제성을 가진 규범일까?

안녕하세요. 이렇게 만나 뵙게 되어 반갑습니다. 저는 부산대학교 사범대학 일반사회교육과에서 법교육을 담당하고 있는 곽한영 교수라고 합니다. 사실 이렇게 제 소개를 하면 대부분의 분들이 여러 가지 의문을 떠올리시게 됩니다. 첫 번째는 '일반사회가 뭐야?'라는 것일 텐데 이 문제는 뒤에 좀 더 자세히 다시 설명드릴 기회가 있겠지만 지금은 일단 초, 중, 고등학교에서 가르치는 '사회' 과목을 의미하는 것인데 사회(Social Studies)라는 과목에는 지리, 역사, 윤리 등 여러 과목들이 포함되는 통칭의 의미로 사용되는 경우가 많아 그 가운데 정치, 경제, 사회문화, 법 등을 가르치는 사회과학의 영역만을 따로 떼어서 '일반사회'라고 부르는 거라고 말씀드릴 수 있겠네요.

다음으로 드는 의문은 '중고등학교에서 법도 가르쳐?'가 될 것이고 마지막으로는 '그런데 띄어쓰기가 틀렸네. '법 교육'이라고 써야 하는 것 아냐?'일텐데 이 두 의문은 사실 서로 연관된 것이기 때문에 지금부터 천천히 설명드리도록 하겠습니다.

‘법교육이 무엇인가’라는 질문에 대한 답은 아주 짧은 버전과 아주 긴 버전 두 가지가 있습니다. 아쉽지만 그 중간이 없네요. 아주 짧은 버전은 지금 당장 한 문장으로 말씀드릴 수 있습니다. ‘사람들에게 법을 가르치는 것’이죠. 하지만 이 짧은 버전에는 어떤 사람들에게, 어떤 법을, 어느 정도의 깊이로, 어떻게 가르치겠다는 것인지, 왜 가르쳐야 한다는 것인지에 대한 설명이 전혀 없기 때문에 법교육이 궁극적으로 지향하는 ‘민주 사회의 모든 시민들에게 법적 소양과 법의식을 기르도록 해야 한다’는 주장의 강력한 근거가 되기에는 매우 부족합니다. 그래서 이제부터 5차례의 강의를 통해 ‘법교육이란 무엇인가’라는 질문에 대한 답을 매우 긴 버전으로 말씀드리려 합니다.

이 긴 여정의 시작을 어디에서부터 풀어나가야 할까요? 일단 우리가 잘 알고 있다고 생각하지만 돌아보면 그리 생각해 본 적이 없는 대상인 ‘법’이라는 게 무엇인지에서부터 출발해 봅시다. 만약 어떤 어린아이가 여러분에게 ‘법이 뭐예요?’라고 묻는다면 뭐라고 답하시겠습니까? 법전에 적혀있는 게 법이다, 라는 대답은 동어반복이 될 테고 국회에서 만든 게 법이다, 라는 대답은 법 자체에 대한 설명이 될 수 없겠죠. 조금 구체적인 형태로 답하자면 ‘사회질서의 유지를 위해 사회구성원들이 지켜야 할 원칙과 행동을 규정한 강제성을 지닌 규범’ 정도로 말할 수 있을 것입니다. 문제는 이 설명에 등장하는 ‘강제성’이라는 표현입니다. 우리는 흔히 법이 윤리, 도덕, 관습과 같은 다른 사회규범과 구분되는 가장 큰 특징이 ‘강제성을 지닌다’라는 점이라고 말하곤 합니다. 하지만 정말 그럴까요? 법에는 강제성이 있을까요?

너무 당연하다고 알고 있던 사실을 되물어서 당황하실 수 있을 것 같습니다. 조금 더 당황하실 만한 말씀을 드려볼까요? 법에는 강제성이 없습니다. 보다 정확하게 말씀드리자면 '법 자체'에는 강제성이 없습니다. 이렇게 생각해 봅시다. 법에, 법 자체에 강제성이 있다는 것은 어떤 의미일까요? 이 책을 읽으시는 분 가운데 혹시 도로에서 무단횡단을 평생 단 한 번도 안 해보신 분이 계시다면 손들어 보시겠습니까? 강의를 많이 다니다보면 가끔 손을 드는 분이 계셔서 저를 놀라게 하십니다만 사실 누구나 살아오면서 한두 번쯤 무단횡단을, 혹은 사소한 법위반 행위를 해보지 않은 분은 거의 없을 겁니다. 그럼 다시 여쭤보겠습니다. 그런 사소한 위반행위에 대해 단 한 번도 예외 없이 전부 벌금이나 제재, 처벌을 받으셨나요? 이 또한 아니라고, 무단횡단이나 불법유턴을 했지만 걸리지 않고 넘어간 경우가 있다고 말하시는 분이 대부분일 것입니다.

그런데 법에 강제성이 있다면 이건 있을 수 없는 일입니다. 말 그대로 법 그 자체가 강제성을 지니고 있는 것이라면 법을 위반하는 순간 그 강제성이 자동으로 발동될 테니까요. 무단횡단을 하자마자 내 통장에서 벌금이 자동으로 빠져나가고 불법유턴을 할 땐 노란 중앙선에서 광선이 뿜어져 나와서 차가 반동강이 나야 할 것입니다. 하지만 우리 모두가 알고 있듯이 그런 일은 없습니다. 법규범을 어긴다고 매번 적발되고 제재를 받는 것도 아니고 생각보다 훨씬 큰 범죄를 저지른 사람이 처벌을 받지 않고 잘 살아가는 경우도 적지 않죠. 당연한 일입니다. 강제성은 법 자체에 내재되어 있는 신비한 속성이 아니고 이미 권력을 가지고 있는 어떤 주체가 법을 근거로 강제력을 행사하는 것일 뿐이니까요. 즉, 법은 그 자체로 강제성을 지니고 있는 규범이 아니며, 권력이 강제성을 행사할 때 사회적 정당성을 획득하기 위한 근거이자 기준으로 삼는 규범, 즉 '강제성의 근거 규범'일 뿐입니다.

2. 법은 왜 필요한 것일까?

그런데 이렇게 법이 그 자체로 강제성을 가지고 있지 않다는 사실은 우리가 법에 대해 가지고 있던 관념의 뿌리를 흔들어 근본적인 질문을 떠올리게 만듭니다. 그렇다면 도대체 법은 왜 필요한 것인가 하는 점이죠. 이 문제를 이야기하기 위해 법의 역사를 거슬러 올라가 기원전의 세계로 돌아가 보겠습니다.

혹시 현재 남아 있는 가장 오래된 법전이 무엇인지 아시나요? 잘 모르시는 분들이 많을 텐데 고대 수메르의 법이었던 '우르남무 법전'입니다. 가장 오래된 성문법전이긴 하지만 안타깝게도 전문, 그러니까 법조항 전체가 남아 있지는 않습니다. 왜냐면 당시엔 진흙 위에 철필로 쐐기 모양의 문자를 쓰고 이걸 말려서 보관하는 '토편'을 썼는데 이게 굳으면 결국 흙으로 만든 돌덩어리가 되는 거라서 꽤 무겁고 그러다보니 보관과정에서 충격이 가해지거나 바닥에 떨어지면 깨지는 일이 많았거든요. 그래서 우르남무 법전도 법전 내용의 일부만이 남아 있습니다. 말이 나온 김에, 혹시 우리나라에서 가장 오래된 법은 뭔지 아시나요? 아마 중고등학교 시절에 배우셨을텐데 고조선의 '8조의 법'입니다. 안타깝게도 8개 조문 가운데 현재 전하는 것은 3개뿐인데 그 이유는 이 법이 적힌 문서가 지금까지 전해지는 것이 아니라 이웃 나라였던 중국의 한서 지리지 가운데 '동쪽에 있는 조선에 가면 8조의 법이 있는데 이러이러한 것 등등이 있다더라'라는 식으로 기록된 것을 통해 간접적으로 확인한 것이거든요. 여기에 3개 조항만 기록되어 있기 때문에 현재 나머지 5개 조항의 내용은 알 수 없는 상태입니다. 80개도 아니고 겨우 8개인데 쓰는 김에 마저 8개를 다 써주지 그걸 생략하나 싶어 괜히 아쉽고 야속한 마음도 드네요.

샛길로 빠졌네요. 원래 이야기로 돌아가 보겠습니다. 그래서 현재 '전체 내용'이 모두 남아 있는 가장 오래된 법전은 '함무라비 법전'입니다. 282개나 되는 조항들이 다 온전히 남아있죠. 그게 가능했던 이유는 함무라비 법전이 돌기둥에 새겨져 있었기 때문입니다. 검은 돌기둥에 빼곡히 새겨져 있는 함무라비 법전 비석은 프랑스 탐사대에 의해 발견되었고 그래서 지금은 루브르 박물관에 전시되어 있지만 이 비석이 발견된 지역은 1901년 이란 영토였습니다. 현재는 이란 땅이 과거엔 바빌로니아 왕국이었는데 이 왕국의 전성기를 이끌었던 함무라비 왕이 기원전 1750년경에 만든 법전이 바로 '함무라비 법전'입니다.

함무라비 법전은 현재 전문이 남아 있는 가장 오래된 성문법전이라는 점도 유명하지만 '복수법'이라는 원칙을 담고 있는 것으로도 유명합니다. 우리가 흔히 '눈에는 눈, 이에는 이'라고 표현하는, 죄를 저지른 사람에게 같은 수준의 처벌을 내린다는 것으로 같은 형태의 해를 입히는 것이므로 '동태복수법', '동해보복법'이라고 불리기도 합니다. 타인에게 피해를 입힌만큼 자신도 피해를 입도록 만든다는 것이니 일반인의 입장에서 가장 이해하고 납득하기 쉬운 정의의 원칙이지만 인권이 강조되는 현재의 입장에서는 야만스럽다는 비판을 받기도 합니다. 혹은 반대로 그런 나쁜 짓을 한 사람에게 피해자와 같은 수준의 고통만을 주는 것이 부족하고 더 강하게 처벌해야 범죄를 예방하는 효과가 있을 것이라고 주장하는 사람도 있죠. 하지만 조문을 자세히 살펴보면 그게 문제가 아니라는 것을 알게 됩니다. 단순히 같은 해를 가하는 것이 아니라 그 처벌의 수준이 신분과 계급에 따라 차별적으로 적용되었기 때문입니다. 예를 들어 타인의 신체에 해를 입히는 문제에 관해 다음과 같은 조항들이 있습니다.

- 200조 - 귀족이 자기와 같은 계급의 사람의 이를 빠뜨렸으면, 그의 이를 빠뜨린다.
- 201조 - 귀족이 평민의 이를 빠뜨렸으면, 그는 은 1/3 미나를 물어야 한다.
- 202조 - 사람이 자기보다 상급인 사람의 뺨을 때렸으면, 민회에서 소가죽 채찍으로 60번 맞는다.

즉, '눈에는 눈, 이에는 이'는 같은 계급 사이에서나 적용되는 이야기고 귀족이 평민에게 피해를 입히면 벌금만 물면 되고, 반대로 평민이 귀족에게 피해를 입히면 뺨을 때린 것만으로도 가죽 채찍으로 60번이나 맞는 가혹한 처벌을 받아야 했던 것입니다. 생각해 보면 이건 계급 간의 차이가 절대적이었던 고대 사회에서는 당연한 일이라고 할 수 있습니다. '정의'는 동일 계급 내에서의 공정성을 의미하는 것이니 다른 계급 사이에서는 불평등과 특혜가 존재할 수밖에 없는 것입니다.

하지만 우리가 주목해 보아야 하는 것은 그 다음입니다. 여러분의 귀족으로서의 자질을 한번 살펴보겠습니다. 그렇다면 이렇게 귀족들에게 유리한 법이 제정되는 것에 대해 당시의 귀족들은 찬성했을까요? 찬성했을 것 같다는 분 손 들어보세요. 많은 분들이 손을 드시네요. 이 분들께는 아쉬운 얘기이겠지만 아마 당대의 귀족들은 이 법전의 제정을 반대했을 겁니다. 함무라비 법전 관련해서는 별도의 기록이 남아 있지 않지만 여러 나라에서 비슷한 사례들이 발견됩니다. 예를 들어 춘추전국시대 중국의 제나라에서는 형법을 솥에 새긴 '형정'을 만드는 것을 귀족들이 반대하여 이 일을 추진한 재상을 탄핵하거나, 법 관련 내용을 죽간, 그러니까 대나무 조각에 석어 평민들에게 배포하려고 했던 사람을 처벌했던 기록도 있습니다. 왜 이런 일이 벌어질까요?

법, 특히 성문화된 법이 가지고 있는 중요한 특성은 '보편성'입니다. 법전에 적힌 내용대로 일관되게 적용된다는 것이죠. 이것은 특권 계층에게는 불편한 일이 될 수 있습니다. 예를 들어 앞서 보여드린 함무라비 법전의 조항들을 다시 살펴볼까요. 201조에서는 귀족이 평민의 이를 빠지도록 만들었으면 은 1/3 미나를 물어야 한다고 되어 있습니다. 대략 당시 평민 한 달치 생활비 정도가 되는 돈이라고 하니 요즘으로 치면 2~300만원 정도 되려나요. 귀족의 입장에서 이 조항이 자신에게 유리하다고 느꼈을까요? 아닐 겁니다. 귀족이 평민을 좀 다치게 할 수도 있지 그렇다고 왜 돈을 물어줘야 하나 어이없어했을 가능성이 더 높죠. 202조에는 더 화가 났을걸요. 평민이 감히 귀족의 뺨을 때렸는데 채찍질 60번만 하고 끝내라구요? 아마 당장 목숨을 빼앗고 싶지 않을까요?

법은 바로 이렇게 권력의 행사를 보장해 주기도 하지만 반대로 그 행사의 한계를 설정한다는 점에서 '이중적 성격'을 갖습니다. 이것이 바로 법이 가진 가장 중요한, 하지만 서로 정반대의 방향으로 작동하는 특이한 기능입니다.

3. 법의 이중성

　가만히 생각해보면 법이 통치체계의 중요한 수단으로 등장하는 시점은 대개 그 나라가 한참 부강해질 때, 영토나 세력의 측면에서 크게 팽창하는 때입니다. 앞서 말씀드린 수메르의 우르남무 법전을 만든 우르남무 왕도 메소포타미아 일대를 평정한 강력한 징복왕이었고 함무라비왕 역시 바빌로니아의 전성기를 이끈 왕이었습니다. 우리나라의 삼국 시대에 고대 왕국의 체제를 정비하는 과정에서 법, 그러니까 '율령'을 반포한 왕들도 고구려의 소수림왕, 백제의 고이왕, 신라의 법흥왕 등 각 나라들이 크게 성장하는 전환점에 서있던 사람들이었죠. 달리 말하자면 어떤 국가가 성장하고 확장되는 과정에서는 반드시 법이 필요했다고 말할 수 있을 것 같습니다.

　이를 보여주는 대표적인 사례가 '법'(法)이 통치체계의 원리로 아시아지역에 널리 알려지게 된 춘추전국시대의 '법가'(法家)입니다. 중국의 왕조시대를 연 하나라, 상나라, 주나라에서 마지막으로 주나라가 무너지고 난 후 춘추5패, 전국7웅이라는 여러 국가들이 중국 여기저기에서 일어나 생사의 결투를 벌이던 군웅할거의 시대인 춘추전국시대는 말 그대로 약육강식, 오늘 내가 조금 약한 모습을 보이면 내일의 생존을 기약할 수 없는 국가 간 무한경쟁의 시대였습니다. 따라서 주나라 때까지 중요시되던 혈통, 가문을 바탕으로 한 종법제도보다는 철저하게 당장의 부국강병을 가져올 수 있는 실력과 능력이 중요시되었는데 만약 어떤 사람이 제대로 된 식견과 철학, 통치, 행정능력을 보여줄 수만 있다면 당장에라도 한 국가의 재상으로 발탁될 수 있는 기회의 시대이기도 했습니다. 그래서 이런 사람들은 뛰어난 스승 한 사람을 중심으로 집단을 이루어서 이 나라 저 나라를 옮겨다녔는데 리더에 해당하는 사람에게 큰 스승이라는 뜻으로 '-자'(子)라는 명칭을 붙였습니다. 공자, 맹자, 순자 이런 분들이죠. 그리고 이 분들을 중심으로 이루어진 집단 혹은 학파를 '가'(家)라고 불렀는데 유가, 도가, 병가 이런 이름을 많이 들어보셨을 겁니다. 당시엔 이런 집단들이 중국 전역에 많이 돌아다니고 있었기 때문에 이들을 통틀어서 여러 스승과 학파들이라는 뜻으로 '제자백가'(諸子百家)라고 불렀습니다.

그런데 수많은 학파, 제자백가 가운데 이 혼란의 시대를 정리한 최종적인 학파는 과연 어떤 곳이었을까요? 춘추전국시대를 통일한 중국 최초의 제국, 바로 진나라를 이끌었던 '법가'(法家)였습니다. 이는 통치의 체계를 빠르게 정리하고 효율화시키는데 '법'이 그만큼 효과적이었다는 증거가 될 수 있을 것입니다. 법가를 세운 사람은 한비자이지만 그 가르침을 따른 제자 가운데 재상으로 가장 활약을 했던 사람은 '상앙(商鞅)'이라는 사람입니다. 상앙은 법가의 사상을 바탕으로 진나라를 완전히 혁신하는데 그 과정에서 재밌는 일화를 남깁니다. 법령을 발표하긴 했으나 법이라는 것 자체에 익숙하지 않은 백성들이 제대로 지키지 않자 나무기둥 하나를 도성의 남쪽 문에 세워놓고 이걸 북쪽 문으로 옮겨놓기만 하면 금 열냥을 주겠다고 한 것입니다. 하지만 백성들은 '누굴 바보로 아나, 그렇게 간단한 일을 하고 엄청난 상금을 준다는 게 말이 돼?'라고 비웃으며 아무도 움직이지 않았죠. 그래서 이번엔 상금을 올려서 금 오십 냥을 주겠다고 하니 어떤 사람이 속는 셈 치고 이 나무를 들어서 옮겼습니다. 그랬더니 상앙은 정말로 금 오십 냥을 그 사람에게 주면서 깜짝 놀라는 구경꾼들에게 나라가 백성에게 하는 약속이 바로 법이고 나라에서는 그 법을 절대로 어기지 않고 지킬 것임을 널리 알렸습니다. 여기에서 비롯된 고사성어가 나무를 옮겨서 믿음을 알린다는 뜻인 '이목지신'(移木之信)입니다.

법의 효율성은 바로 이깃, 즉 사람들이 언세나 누ᅪ에게나 그대로 행해질 것이라고 믿는데서 나오는 '예측가능성'이 핵심입니다. 그렇게 예측이 가능한 상황이면 사람들이 안심하고 살아가면서 다양한 활동과 복잡한 상호작용을 하는 것이 가능해집니다. 또한 해야 할 일과 하지 말아야 할 일이 분명해지기 때문에 사회의 질서를 유지하는 것도 더 쉬워지고 사회적 비용으로 인한 자원의 낭비도 막으면서 국가의 힘을 필요한 곳에 집중하는 것이 가능해지기 때문에 통치가 매우 효율적으로 이루어지는 것이 가능하죠. 국가가 팽창하는 단계에서는 늘어나는 영토와 증가하는 사람들, 그로인한 혼란을 해소하고 자원을 적절하게 배분하는 것이 매우 중요하기 때문에 귀족이나 특권층의 반발에도 불구하고 국가지도자가 '통치의 효율성' 차원에서 법을 도입하는 것을 강력하게 추진할 수밖에 없습니다. 국력이 성장한다는 것은 당대의 지도자가 힘이 강하다는 뜻이므로 그런 반발을 억누를 수 있을테고 반대로 그런 통세가 불가능해서 보편적 규범을 만들어낼 수 없으면 성장은 금세 한계에 부딪칠 수밖에 없겠죠.

하지만 권력자의 입장에서 법은 통치의 효율화를 도와주는 장점만 있는 것이 아니라 반대로 통치의 한계를 설정하는 경계선으로 거추장스러워지기도 합니다. 앞서 소개드린 상앙의 경우가 극적인 사례가 되겠네요. 상앙은 법치를 강화하여 진나라를 강국으로 만들었지만 자신을 지지해줬던 효공이 세상을 떠나자 법치에 불만을 갖고 있던 귀족들과 태자의 미움을 받아 하루아침에 반역자 신세가 되어 도망을 가게 됩니다. 하지만 국경을 넘으려고 해도 자신이 만든 법에 따라 야간통행이 엄격히 금지되어 있어 아무리 재상이라고 해도 문을 열도록 만들 수 없었고 할 수 없이 여관에서 하루를 묵으려고 했더니 여행증이 없으면 손님을 받으면 안 된다는 엄한 법이 있어서 아무리 큰 돈을 내도 받아줄 수 없다하여 결국 길거리로 쫓겨나게 됩니다. 법치 자체를 만들어낸 사람조차 자신이 만든 법에 의해 곤경에 처하게 될 수 있다는 것이지요. 즉, 법은 통치의 효율화를 돕는 동시에 통치를 견제하는 이중적 성격을 갖고 있는 것입니다.

하지만 가만히 생각해보면 법이 지니고 있는 이 두 개의 상반된 역할이 늘 동일하게 작동하는 것은 아닙니다. 왜냐하면 국가라는 시스템, '권력'이라는 것의 속성 자체가 어떤 사람이 다른 사람보다 더 많은 힘을 가지고 있고 이를 바탕으로 체계와 수직적 위계를 만들어 강제하는 것을 기본 속성으로 하고 있기 때문에 어떤 공동체가 체계화되어 있다는 것은 곧 그 공동체 내의 권력관계가 불균등하다는 것을 의미하기 때문입니다. 즉, 보다 권력이 많은 사람이 통치의 수단으로 도입하는 법의 작동과정에서 '통치의 효율화'를 추구하기 위한 법의 특성은 거의 언제나 힘을 발휘한다고 볼 수 있습니다. 애초에 그게 다른 지배계층의 반대를 극복하고 법을 도입한 이유였으니까요. 그러나 그 반대편에서 '권력의 견제'를 하는 법의 특성은 이 강의 맨 앞에 말씀드린 대로 법 자체에 강제성이 없기 때문에 그 강제성은 결국 현재 권력을 가진 사람으로부터 위임받아 가져올 수밖에 없다는 점이 한계로 작용하게 됩니다. 간단히 말씀드리자면 권력자가 스스로 자신의 권력을 제한하겠다고 결심하지 않는 한 권력 견제의 기능은 사실상 작동하지 않거나 권력자의 필요에 의해 한정적으로만 작동할 수밖에 없다는 것이지요. 많은 사람들이 생각하는 법은 권력자의 편, '권력의 시녀'라는 이미지는 바로 이런 사정 때문에 만들어진 것이라고 할 수 있습니다.

하지만 이 모든 상황들이 뒤집히면서 법의 역할과 기능에 관한 시계추가 정반대로 이동하는 사건이 벌어지게 됩니다. 바로 '민주주의'의 등장입니다. 이와 관련해서는 다음 강의에서 좀 더 자세히 살펴보도록 합시다. 오늘 첫 강의는 여기까지입니다.

Chapter

02

법교육과 민주주의의 관계

LAW

1. 민주주의의 등장

반갑습니다. 두 번째 시간이네요. 지난 시간은 첫 강의인데 너무 많은 내용들을 이야기해서 머리가 아프셨죠? 앞으로 차차 익숙해지실 겁니다. 어디까지 이야기했었죠? 아, 법의 이중적 기능 얘기를 하다 말았죠. 통치를 효율화하는 기능과 반대로 권력을 견제하는 기능, 그런데 결국 법의 강제력은 현실적인 권력으로부터 오는 것이니 권력이 필요에 의해 법을 도입했을 때 통치를 효율화하는 기능은 늘 작동하게 되지만 법 자체에 강제력이 깃들어 있는 것은 아니니 법이 권력을 견제하는 기능은 권력이 필요에 의해 스스로 제한을 거는 것이 아니라면 작동하기 쉽지 않다는 말씀을 드렸습니다. 권력이 스스로 제한을 거는 경우가 없는 것은 아닙니다. 예를 들어 자신의 권력을 강화하기 위해 다른 특권 계층을 억제하는 수단으로 법을 사용할 수도 있죠. 마키아벨리가 '군주론'에서 군주는 자신의 손에 피를 묻혀서는 안 되기 때문에 다른 수단을 통해 권력을 행사해야 한다고 조언하는데 그 수단으로 법이 동원되는 것도 가능하겠죠. 혹은 권력 기반이 약해졌을 때 백성들의 지지와 동의를 끌어내기 위해 권력의 제한을 약속하고 가능한 한 지키려고 노력하는 모습을 보이는 것도 흔히 볼 수 있는 사례입니다.

하지만 여기서 전제조건은 '가능한 한'입니다. 즉, 그런 '견제'는 법의 힘으로부터 비롯한 것이라기보다는 자기절제, 백성들의 입장에서 보면 '덕 있는 군주의 시혜'의 차원일 뿐이고, 그조차도 자신의 권력이 근본적으로 위협받는 상황까지 용인하는 것은 아닙니다. 즉, 이러한 형태의 통치는 법을 이용하고 있기 때문에 '법치'(法治)라고 할 수는 있겠으나 정확히 말하자면 '법을 도구로 사용한 통치'인 것이고 법보다 더 위에는 권력자의 의지나 판단이 존재하기 때문에 사회가 정말 법대로 돌아간다고 생각하기보다는 소수 권력자의 뜻에 따라 운영된다고 생각하는 것이 상식이 될 겁니다. 그래서 이런 통치는 법보다는 사람의 의사가 우선시되는 형태, '인치'(人治)라고 할 수 있을 것입니다. 조선 시대에도 법은 있었으나 왕이나 왕족, 특별한 공신 등에 대해서는 예외를 인정하는 여덟 개의 특권 계층을 일컫는 '팔의'(八議)가 있었던 것처럼 말이죠.

이렇게 매우 오랜 세월 동안 법은 통치의 도구 역할만 해왔으나 인류의 역사에 큰 변화의 물결이 밀려오면서 법의 운명도 전환점을 맞이하게 됩니다. 그 전환점은 법이나 정치의 문제와는 동떨어져 보이는 경제의 영역에서 시작되었습니다. 인류는 수렵과 채집으로 생활하던 초기 사회에서 보다 안정적으로 식량을 공급받을 수 있는 농경사회로 들어서면서 매우 오랜 세월 동안 농업을 중심으로 살아왔습니다. 하지만 농업이 가능한 땅, 비옥한 평야지대는 무한정으로 만들어낼 수 있는 것이 아니었기 때문에 결국 인류의 규모가 일정 수준을 넘어서게 되자 서로 땅을 놓고 뺏고 빼앗기는 진쟁이 빌어질 수밖에 없었고 그 제한된 땅에 얽매여 점점 많은 사람들이 살아가게 되자 토지를 소유하는 힘이 센 소수의 사람들과 그 땅에서 실제로 농사를 짓고 수확물을 배분받으면 살아가는 다수의 사람들로 하나의 공동체가 형성되는 이른바 '피라미드형 계층구조'가 농경사회의 일반적인 모습으로 자리잡게 되었습니다. 이렇게 소수가 다수를 통제해야 하는 사회에서는 통치를 용이하게 하기 위해 사회구성원의 급을 나누어 권리와 의무를 달리하는 '계급사회'라는 격벽을 치지 않을 수 없었고 이런 사회에서 '법'은 소수의 상위 계급이 다수의 중하위 계급을 통치하는 수단으로 작동하게 되었습니다.

그런데 수천년을 이어진 이런 사회구조는 상업의 발전과 함께 변화를 맞이하게 됩니다. 유럽 각국에서 '도시'가 형성되고 이 도시들을 기점으로 물류와 상업이 점차 활성화되는데 결정적으로 15세기에서 17세기에 이르는 신항로개척의 시대, 이른바 '대항해시대'를 맞이하여 상업으로 예전에는 상상할 수 없는 큰돈을 버는 사람들이 등장하게 되었습니다. 이제까지 상류층이었던 왕족, 귀족들의 자산이 토지와 혈통이었다면 상업으로 일어선 이 사람들은 주로 평민 혹은 중간계층이었지만 오로지 자신이 모은 돈을 재투자하고 이를 위해 교육과 학습에 매진하여 지식을 가장 큰 무기로 일어선 사람들이었습니다. 이들은 귀족도 아니면서 성 안에 살면서 귀족들의 재산을 관리하고 상업활동을 했기 때문에 성 안에 사는 사람들, '부르주아'(Bourgeois)라고 불렸습니다.

부르주아들이 상업 혁명에 이어 산업 혁명으로 경제적 주도계층으로 성장하게 되자 이들은 자신들의 재산권을 지키고 경제 활동 상의 자유와 안전을 보장받기 위해 정치적 권리를 획득해야 한다는 필요성을 느끼게 됩니다. 하지만 문제가 있었죠. 일단 기존의 지배층을 밀어내고 자신들이 지배층이 되기에는 부르주아들은 혈통이나 가문 같은 기준점을 갖고 체계화된 집단도 아니고, 심지어 상공업활동의 특성상 매우 독립적이며 서로서로 평등한 관계라는 것에 익숙한 사람들이었습니다. 장사가 잘되는 가게, 안 되는 가게가 있을지는 몰라도 장사가 잘되는 가게가 안 되는 가게보다 더 위인 것은 아니잖아요. 결국은 다 같은 상인들이죠. 애초에 거래라는 것은 평등한 당사자들끼리라야 가능한 행위이기도 하구요. 더 큰 문제는 이미 오랜 세월 동안 군사, 행정 등 권력기구들을 장악한 기존의 지배층과 맞서 싸우려면 부르주아들만의 힘으로는 한계가 명확했다는 것입니다. 말 그대로 세상을 뒤집어엎는 '혁명'을 하려면 부르주아가 아닌 평민들까지 모두 동참시킬 필요가 있었는데 이는 결국 혁명의 명분이 그들의 정치적 권리까지 포괄하는 것으로 확대되어야 함을 의미했습니다. 이렇게 모든 사람이 주인이 되어야 한다, 모든 사람들이 똑같은 권리를 나누어 갖고 각자가 자신의 삶의 주인이 되어야 한다는 주장을 담은 새로운 정치이념, '민주주의'가 등장하게 되었습니다.

2. 불가능한 정치체제, 민주주의

강의를 열심히 듣고 있는 분이라면 제가 방금 한 말에서 약간의 의아함을 느끼셨을지도 모릅니다. 민주주의를 '새로운' 정치체제라고 말씀드렸기 때문입니다. '어, 민주주의는 고대 그리스에서부터 시작된 아주 오래된 정치체제 아닌가?' 네, 아마 초중고등학교의 사회시간에 귀에 못이 박히도록 이 이야기를 반복해서 들어오셨을 겁니다. 물론 이게 틀린 이야기는 아닙니다만 완전히 맞는 이야기도 아닙니다. 굳이 말하자면 '절반의 진실'이라고나 할까요. 이 부분을 설명드리려면 다시 이야기가 잠시 딴 곳으로 새야 할 것 같습니다.

앞서 농경사회에서는 필연적으로 피라미드형 계층구조가 발생하게 되고 이를 안정화하기 위해 소수의 지배, 신분계급제가 등장하게 된다는 말씀을 드렸습니다. 이 이야기에 따르자면 어떤 사회가 농경을 핵심으로 하고 있다면, 그리스 역시 농경사회의 기본 틀을 갖고 있다면 민주주의는 등장할 수 없는 정치체제입니다. 실제로 동시대에 지구상의 다른 나라에서는 대부분 신분제를 바탕으로 한 봉건제, 왕정이나 귀족정이 펼쳐지고 있었으나 그리스에서는 민주정이 실현되었습니다. 이게 어떻게 가능한 일이었을까요? 어떤 혁명가는 아들에게 보낸 편지에서 '그리스인들은 현명했기 때문에 민주주의를 선택했단다'라고 말했지만 그렇다면 다른 나라 사람들은 현명하지 않았다는 이야기이니 그럴 리는 없지 않겠습니까? 이유는 의외로 간단합니다. 이곳에서는 농업이 경제의 핵심이 아니었기 때문입니다.

차근차근 말씀드려보겠습니다. 일단 '그리스'라는 표현은 잘못되어 있습니다. 그리스라는 국명은 근대에 와서야 사용된 것이었고 기원전 이 지역에 그리스라는 국가는 없었습니다. '아티카'라고 불렸던 지역이지요. 그리고 이 지역에는 수많은 도시국가, '폴리스'들이 있었는데 그 가운데 민주정을 실현한 곳은 아테네 한 곳 뿐이었으니 '아테네 민주주의'라고 불러야 정확할 것입니다. 아테네 역시 1천 년을 헤아리는 긴 역사 중에 민주정이 이루어진 시기는 그리 길지 않습니다. 기원전 5세기경 라우리온 은광이 발견되고 이곳의 부를 바탕으로 해상전력이 강화되면서 곳곳에 식민지를 건설하고 이곳과 해상무역이 이루어지게 됩니다. 앞서 설명드린 약 2천년 후 부르주아지의 모습과 비슷하지 않습니까? 아테네에서도 부르주아지와 비슷한 중간계층, '시민'이 성장하게 되고 이들의 정치적 권리 요구에 솔론의 개혁, 에피알테스의 개혁이 차례로 이루어지면서 아테네의 힘이 절정에 이르렀던 페리클레스의 시대에 우리가 지금 교과서에서 배우는 것과 같은 민회를 중심으로 한 민주정이 자리잡게 되었습니다. 하지만 그 전성기도 페리클레스 집권 중반부터 시작된 스파르타와의 펠로폰네소스 전쟁으로 빛이 바래기 시작했고 결국 2차 펠로폰네소스 전쟁의 패배로 아테네가 몰락의 길을 걷기 시작했으니 아테네에서의 민주주의는 매우 특수한 상황에서, 특정한 시기에 발생한 현상이라고 할 수 있습니다.

제가 '현상'이라는 표현을 쓴 이유는 단지 아테네 민주주의의 유지 기간이 생각보다 짧았기 때문이 아니고 이후 다른 국가에 이어지는 어떠한 영향이나 전통을 만들지 못했기 때문입니다. 아테네를 멸망시킨 마케도니아는 알렉산더를 필두로 제국의 길로 나아갔고 아테네의 적자를 자처한 로마 역시 공화정, 과두정을 거쳐 로마 제국을 건설했죠. 이후 중세와 절대 왕정의 시기를 지나는 동안 아테네의 민주주의는 그 존재 자체가 유럽인들에게 잊혀져가고 있었습니다. 그런 긴 망각의 세월을 거쳐 시민혁명의 시대인 17~18세기에 와서야 2천 년의 긴 잠을 깨고 민주주의가 무덤에서 부활하는 '르네상스'의 시기가 도래한 것이지요.

그렇다면 민주주의는 왜 이렇게 오랜 시간 동안 역사의 무대에서 사라졌던 것일까요? 모든 사람들에게 정치적 권리를 보장하는 새로운 정치체제로의 혁명이 가능하려면 일단 다수의 피지배계층이 상황을 뒤집을만큼 조직화되고 힘을 갖춰야 한다는 기본 조건이 필요한데 농업 중심 사회에서는 이런 조건이 만들어지기 쉽지 않다는 한계가 있지요. 하지만 그게 늘 불가능한 조건은 아닙니다. 여러 지배계층 간의 갈등으로 인한 정권, 왕조의 교체는 늘 발생하는 일이고 때로는 '난'이라는 이름으로 민중들이 일어서서 지배체제를 바꾸는 일도 드물지 않죠. 하지만 그 결과는 도로 새로운 왕조를 여는 일로 이어졌지 애초에 난이 벌어졌을 때 약속한 것처럼 '모든 사람이 하늘이 되는' 세상이 되지는 않았습니다. 마치 원나라의 지배에 백련교도를 중심으로 일어선 한족이 승리한 후에 다시 세운 나라가 명나라 왕조였던 것처럼 말이지요. 누구나 상상하고 쉽게 동의할 것 같은 '모두가 주인이 되는 세상'이 쉽게 이루어질 수 없었던 이유는 민주주의 자체가 성립과 유지가 매우 어려운 자체적인 모순을 품고 있는 '불가능한 정치체제'이기 때문입니다.

'권력'은 상대적인 개념입니다. 베버는 '권력이란 타인에게 하기 싫은 일을 시킬 수 있는 힘이다'라고 말하기도 했죠. 즉, A라는 사람이 5의 권력을 갖고 B라는 사람이 10의 권력을 갖는다면 둘은 각각 권력을 갖고 있는 것이 아니고 실제로 권력을 가진 사람은 B뿐인 상황이 되는 것입니다. 그래서 '모든 사람이 주인'이 되려면 결국 모든 사람이 똑같이 5의 권력을 가지고 있어야 하고, 그 결과는 아이러니하게도 누구도 다른 누구에게 힘을 발휘하는 것이 불가능한 상황, 그래서 권력 자체가 사라지는 '무정부상태'(anarchy)가 되는 것입니다.

민주주의의 극단이 무정부상태가 되는 것은 논리적으로 생각해 보면 누구나 예상할 수 있는 귀결이었기 때문에 그 대안으로 등장하는 생각이 열린 공론장에서 토론과 사상의 경쟁을 통한 '합의'입니다. 하지만 이게 가능하려면 기본적으로 비슷한 수준에서 지식과 의견을 가지고 토론할 수 있는 교양과 사고능력이 모든, 최소한 대부분의 사람들에게 이미 갖추어져 있다는 전제조건이 필요합니다. 현재 대부분의 민주 국가들이 막대한 국고를 들여서 국민들에 대한 의무교육제도를 운영하는 근본적인 이유도 여기에 있죠. 하지만 초등학교는 물론이고 중학교, 심지어 고등학교까지 의무교육을 확대하려 하고 있는 현재의 시점에서도 국민들의 지식과 소양이 동등한 수준이라고 말할 수는 없는데 여전히 신분제가 남아 있던 봉건제 말기에 해당하는 산업혁명, 시민혁명의 시대에 이런 전제가 받아들여지기는 어려웠을 것입니다. 소크라테스, 플라톤의 제자로서 철인정치를 주장했던 스승과 달리 비교적 민주정치에 온건한 태도를 보였던 아리스토텔레스조차 다수의 시민들이 정치적 소양을 갖춘다면 민주정치가 가능하겠지만 이런 일이 가능할지 회의적인 태도를 보였을 정도였으니까요.

그보다 더 심각한 문제는 어찌어찌 시민들의 평균 소양이 일정 수준 이상으로 올라온다 해도 이미 사회와 국가의 규모가 지나치게 커졌다는 점입니다. 수천, 수만의 사람들이 모두 참여해서 토론과 합의를 통해 의사를 결정해서 공동체를 운영하는 것이 과연 가능할까요? 얼마나 많은 시간과 비용이 필요할까요? 공동체에 수시로 밀어닥치는 수많은 문제들을 제때 처리하고 대응하는 일이 현실적으로 가능할까요? 그 많은 사람들이 군중심리에 휩쓸려 제멋대로 결정하면 그 결과는 어떻게 감당하죠? 반대로 먹고 살기 바빠서 그 사람들이 매일매일 열려도 부족한 회의의 자리에 참석하지 못하고 경제적으로 여유 있는 부자들만 참여하게 된다면 그건 도로 계급제의 부활 아닌가요?

민주주의는 그 자체로 이상적이라고 생각해서 다수의 사람들에 꾸준히 추구된 끝에 도달한 정치체제라기보다는 산업혁명과 시민혁명을 통해서 사회의 주류가 된 부르주아들이 다수의 지배를 이룰 방안을 찾을 수밖에 없어서 '발견된' 정치체제에 가깝습니다. 이들은 역사를 2천 년이나 거슬러 올라가 아테네에서 이 정치체제의 원형을 발견하고 '부활'시킨 것이지요. '보아라, 이미 이런 정치체제가 훌륭하게 작동했던 사례가 있고 그 시절은 매우 아름다웠으니 이제 우리도 이걸 재현하는 것이 얼마든지 가능하다!'라는 일종의 알리바이라고나 할까요.

하지만 아테네는 최전성기에도 시민의 숫자가 10만을 넘지 않았고 그마저도 한 번의 회의에 500~1,000명 내외의 사람들이 추첨으로 뽑혀서 참가하는 시스템을 갖추고 있었으나 근대의 시기에 이르러서는 국가의 규모가 너무 커졌다는 점을 고려하지 않을 수 없었죠. 그래서 나온 근대 민주정치의 실제 구현방법은 '모든 사람이 정치에 직접 참여'하는 것이 아니라 소수의 대표를 뽑아 정치를 하는 '대의제'를 기반으로 하되 그들이 권력을 남용하지 못하도록 견제하는 시스템을 만드는 것이었습니다. 그 방식은 두 가지 방향에서 접근되었습니다. 하나는 권력 자체를 여러 조각으로 나누어서 서로서로 견제하도록 하는 것입니다. 입법부, 행정부, 사법부로 권력을 나누는 이른바 '삼권분립'은 각자 역할을 전문화해서 효율성을 기하는 '분업'이 아니고 국가권력이라는 거대한 조각을 셋으로 쪼개서 서로 다투도록 하는 가운데 국민들의 권리를 보장받을 수 있도록 한 것입니다. 이 원리를 우리는 흔히 '견제와 균형'(Check and Balance)라고 부르지요. 하지만 이건 기관들 간의 균형일 뿐이고 실제로 각 기관이 권력을 행사하는 과정에서 세세한 통제를 하는 것을 불가능했습니다. 여기에서 '법치'(Rule of Law)가 등장하게 됩니다.

3. 법치와 민주주의

지난 번 강의 내용을 기억하시나요? 법의 이중적 성격을 설명드리면서 통치를 효율화하는 기능과 권력을 견제하는 기능이 동시에 있는데, 권력자가 법을 도입하는 근본적인 이유라고 할 수 있는 통치를 효율화하는 기능은 늘 작동하지만 권력을 견제하는 기능은 권력자의 필요가 존재하지 않는 한 작동하지 않는다고 말씀드렸습니다. 따라서 이런 통치는 법을 도구로 해서 이루어지더라도 '법이 통치'하는 것이 아니라 '법을 이용해서 인간이 통치'하는 것이기 때문에 법치가 아닌 인치로 볼 수 있다는 말씀도 드렸죠. 그런데 이제 법이 권력을 견제하는 기능이 작동할 지지세력이 만들어졌습니다. 민주주의라는 새로운 정치체제를 도입하고자 하는 부르주아를 비롯한 신흥 시민세력들이 바로 그들이죠. 이들은 적극적 의미에서의 민주주의라고 할 수 있는 모든 사람들이 직접 통치에 참여하는 '직접 민주주의'를 구현하는 것이 현실적인 이유로 불가능하다면 대표를 뽑아 그들이 사람들의 의사를 대신하여 결정하는 '간접 민주주의' 즉 '대의제'를 도입하면서 이들이 새로운 귀족이 되지 않고 다수의 의지에 의한 통제가 사회 전반을 지배할 수 있도록 하는 수단으로 '법치'를 택하게 됩니다.

법은 사회 구석구석의 여러 문제들에 대해 판단의 기준을 제시하고 권력의 역할과 한계를 설정할 수 있다는 점에서 개별적인 사안에 대한 '권력자의 말씀'을 대체할 매우 효과적인 수단이었습니다. 게다가 이게 대의제와 결합할 경우 '국민－국민이 뽑은 대표－대표들이 만든 법－법으로 통치되는 국민'이라는 순환 관계가 만들어져서 마치 스스로 생활계획표를 짜고 이것을 지키는 학생처럼 국민들이 스스로 자기 자신을 통치하는 '국민 자치'의 원칙이 실현될 수도 있다는 점에서 매우 큰 의의를 지니고 있었습니다.

이런 목적에서 '새롭게' 등장한 법이 '헌법'입니다. 기존에 있던 규범 체계인 법률, 명령, 조례, 규칙, 관습 등의 맨 꼭대기에 마치 모자를 씌우듯이 '이 모든 규범들은 국민의 기본권을 보장하는 목적에 부합할 때만 유효하다'라고 선언하는 헌법을 얹어서 만약 개별 규범이 헌법 상의 원칙을 어긋나면 무효화시키는 방식으로 규범을 통제한 것이죠. 그래서 민주 국가에서는 헌법에 대한 교육을 중시할 수밖에 없고 민주주의는 헌법과 결합하면서 비로소 유의미한 정치체계가 되었다는 점에서 '입헌민주주의'(constitutional democracy)라는 개념도 등장하게 되었습니다.

문제는 과연 법을 만들고, 그 위에 헌법을 만들고, 민주 국가의 기본원칙이 법치라는 점을 선언한다고 해서 법이 정말로 국민의 통제를 받는, 국민이 스스로를 통치하는 '국민자치'가 이루어질 수 있을까 하는 점이었습니다. 앞서 국민이 대표를 뽑고, 그 대표가 법을 만들고,

그 법이 다시 국민을 통치하는 자치의 시스템을 설명드렸지만 이 순환관계에 빈틈은 없을까요? 우선 대표를 뽑는 과정을 살펴봅시다. 국민의 의사가 그대로 반영되어 대표를 뽑는 것이 가능할까요? 다수결에 의해서 뽑히는 대표는 필연적으로 소수의 의사가 배제된 결과일 수밖에 없지 않나요? 선거의 과정에서 우리는 정말 그 사람이 어떤 사람인지, 어떤 능력과 정치적 지향을 가지고 있는지 제대로 파악할 수 있을까요? 내가 지지하지 않는 사람이 선발되었을 때도 그 사람의 대표성을 인정할 수 있나요? 그 대표가 법을 만드는 과정도 문제입니다. 일단 뽑힌 대표는 유권자들의 직접적인 통제를 받는 대리(agent)가 아니라 스스로의 판단으로 움직이는 대표(representative)의 성격을 갖습니다. 뽑히고 난 다음에 과연 그 사람은 정말 유권자의 생각을 제대로 반영해서 법을 만들고 정치적 권한을 행사하는 것일까요? 소수의 사람들에게 이득이 되고 다수에게는 손해가 되는 법을 만들었을 때 이걸 어떻게 견제할 수 있을까요? 법이 힘을 발휘하는 순간에도 어떤 경우엔 분명히 내 권리를 지켜주는 법이 있는데 제대로 작동하지 않는다는 생각이 들고 반대로 법이 정한 범위를 넘어 내 권리를 침해하는 경우에 내가 거기에 저항할 방법이 없다는 생각이 들기도 합니다.

이 문제를 예를 들어 다시 설명드리겠습니다. 축구 경기 중계를 보다보면 선수가 반칙을 저질러서 심판이 그 곳에 공을 놓고 차도록 하는 '프리 킥'(free kick) 선언을 하는 것을 자주 봅니다. 이 경우 수비하는 팀은 상대편이 공을 차는 것을 방해하기 위해 여러 선수들이 몸을 붙여서 수비벽을 만들고 공이 나갈 각도를 줄이기 위해 최대한 공 가까이로 달라붙으려는 시도를 합니다. 현재 국제 축구 경기 규정상으로는 9.15m 이상 수비수들이 떨어져 있어야 하지만 덩치 큰 수비수들이 슬금슬금 계속 앞으로 나오기 때문에 심판이 아무리 휘슬을 불고 직접 몸으로 막으면서까지 거리를 유지하도록 해도 오히려 심판이 수비벽에 떠밀려 앞으로 밀려나오는 경우도 심심치 않게 볼 수 있었습니다. 그런데 이것도 십수년 전 얘기이고 요즘은 그런 장면을 거의 못 보셨을 겁니다. 심판들이 프리킥 선언을 하면 곧바로 9.15m 위치에 스프레이로 치익 뿌려서 하얀 선을 만들어 놓거든요. 신기하게도 심판이 몸으로 막아도 마구 밀고 나오던 선수들이 이 스프레이 선은 절대로 넘어오지 않기 때문에 문제가 아주 간단하게 해결되었습니다. 도대체 이 선은 어떤 힘을 가지고 있길래 이렇게 극적인 효과를 발휘한 것일까요?

선 자체에 무슨 신비한 힘이 있을 리는 없고 예전에도 심판의 제지를 잘 듣지 않던 선수들이 갑자기 심판을 무서워하게 된 것도 아닐 것입니다. 저는 이 선의 힘이 선을 바라보고 있는 관중들, 중계를 통해 지켜보고 있는 수많은 축구팬들의 '눈'에서 비롯한 것이라고 생각합니다. 예전엔 심판이 수비수의 위치를 손가락으로 지정해도 관중들이 위치를 제대로 확인하기 어려웠지만 푸른 그라운드 위에 하얀 선이 그어지니 수비수가 그 선을 넘어서는 '반칙'을 했는지 안했는지를 명확하게 알 수 있게 된 것이죠. 아니, 좀 더 정확히 말하자면 관중들이 그 반칙을 확인하고, 반칙이 문제라고 인식하고 강하게 항의할 것이 예상될 때 비로소 선은 힘을 발휘할 수 있습니다. 영국의 별로 인기가 없는 지역팀의 경기에서 얼마 안 되는 홈팀 응원단만이 관중석에 자리잡은 경기를 유튜브에서 봤는데 이 경우는 심판이 스프레이를 뿌리든 말든 수비수들이 무시하고 마구 앞으로 밀고 나오더군요. 이런 위반행위에 대해서 문제를 삼을 사람이 없다는 것을 알고 있기 때문에 가능한 일이 아니었을까요?

4. 시선과 관심의 힘, 시민들의 힘

　자, 이 에피소드를 다시 '법치'의 문제와 연결해서 생각해 봅시다. 거듭 말하지만 법은 그 자체로는 강제력을 지니고 있지 않습니다. 하지만 법은 일종의 '선'으로서 다른 사람들이 규범을 어겼는지 지켰는지를 판단할 수 있는 기준의 역할을 할 수 있습니다. 요즘은 보기 어렵지만 예전엔 벽돌을 쌓아서 집을 짓는 경우가 종종 있었습니다. 이 경우 벽돌을 쌓기 전에 땅바닥에 먹물을 먹인 줄로 만든 직선인 '먹선'으로 그림을 그려놓고 그 위에 벽돌을 쌓곤 합니다. 그런데 집을 설계한 사람이 먹선 그림을 그려놓고 갔더니 벽돌을 쌓으러 온 미장공이 '에이, 이렇게 하면 집이 남향이 안 되지. 벽을 남쪽으로 좀 더 틀어서 벽돌을 쌓아야겠네.'라고 멋대로 판단했다고 가정해 봅시다. 이 미장공은 자기 마음대로 선을 무시하고 벽돌을 쌓을 수 있을까요? 당연히 가능하겠죠. 선 자체에 마법이 있어서 거기가 아니면 벽돌을 쌓을 수 없는 '강제력'을 행사할 수 있는 게 아니니까요. 그럼 먹선의 기능은 뭘까요? 적어도 원래 설계된 집의 올바른 방향이 어디인지를 보여주고 현재 쌓여있는 벽돌이 그 방향을 벗어났다는 것을 '확인'시켜주는 기준이자 근거로 역할을 할 수 있을 것입니다. 그런데 집주인이 집이 어떻게 지어지는지 전혀 보러올 생각을 안했다든가 혹은 가끔 건성으로 보러 와서도 바닥에 있는 먹줄에는 전혀 신경을 쓰지 않고 집이 예쁜지 벽돌색깔이 어울리는지 구경만 하고 간다면 먹줄은 정말 무의미한 존재가 되어버리고 말 것입니다. 반대로 집주인이 꼼꼼한 사람이라서 매일같이 공사의 진척 상황을 체크하고 있었는데 어느 날 미장이가 먹줄과 어긋나게 벽돌을 쌓고 있는 것을 발견했다면 어떤 일이 벌어질까요. 집주인이 왜 먹줄대로 쌓지 않느냐고 따지고 미장이가 이미 쌓은 거 어쩌겠냐고 버티면 먹줄에 어긋났으니 당신이 잘못한 것이라고 근거를 들어 지적하면서 벽돌을 처음부터 다시 쌓으라고 '강제'할 수 있게 되겠죠.

법이 바로 이 먹줄과 같은 존재입니다. 법은 그 자체로는 힘이 없지만 이 꼼꼼한 집주인처럼 시민들이 관심을 갖고 계속 살피면서 그에 따라 사회가 운영되는 것이 중요하다는 인식을 공유하면 이를 통해 강력한 힘을 획득하게 됩니다. 마치 축구에서 그라운드에 뿌려진 잠시 후면 사라져버릴 스프레이선이 '프리킥을 막는 수비수들은 저 선을 넘으면 절대로 안 된다'라는 관중들의 신념에 의해 마법과 같은 힘을 얻게 되는 것과 마찬가지죠. 법의 이중적 성격 가운데 통치의 효율화에 기여하는 기능은 우리 사회에 어쩔 수 없이 한쪽으로 편중되어 존재하는 권력 자체로부터 힘을 얻지만, 그 반대편에서 권력을 견제하는 기능은 법에 대해 알고, 믿고, 그에 따라 행동하는 일의 중요성을 인식하는 다수의 시민들에 의해 비로소 작동하게 되는 것입니다.

하지만 일반 시민들은 법의 전문가도 아니고, 어렵고 복잡한 법의 내용들을 접할 기회도 별로 없으며, 성인이 되어 본업에 쫓기다보면 정치와 법의 문제에 더욱 멀어지고 무관심해질 수밖에 없습니다. 앞서 아리스토텔레스가 민주주의가 가능할 수도 있지만 모든 시민들이 그런 소양을 갖추도록 끌어올리는 일이 매우 어렵기 때문에 민주주의의 가능성을 낮게 보았다는 말씀을 드렸죠? 그렇다면 현대 사회에 다시 등장한 민주주의의 핵심적인 구현수단인 법치를 가능하게 하기 위해서 어떻게 하면 시민들의 의식을 끌어올릴 수 있을까요? 바로 이 지점에서 '법교육'이 등장합니다. 법교육은 민주사회를 구성하는 모든 시민들에게 법에 대한 기본적인 소양과 가치관, 법의식을 함양하도록 하여 이들을 사회의 주인으로 만들고 이를 통해 적극적인 의미에서 법치를 실현하는 것을 목표로 하는 교육입니다. 그래서 법교육은 '민주시민교육'의 핵심영역이라고 할 수 있습니다.

그렇다면 법교육은 무엇을 어떻게 가르치는 학문이고 법학 교육 등 비슷한 다른 학문들과는 어떤 차이를 가지고 있는 것일까요? 다음 시간에는 이 내용들을 좀 더 자세히 살펴보도록 하겠습니다.

Chapter

03

법교육의 목표와 영역

LAW

1. 법교육의 정의

　　대개 학문을 하는 사람들은 탑을 쌓는 마음으로 하나하나 무너지지 않을 개념들을 쌓아올리고 싶어하기 때문에 강의나 책의 내용을 '개념 정의'에서부터 시작하는 경우가 많습니다. 저도 매 학기 첫 강의를 '헌법이란 무엇인가', '자유란 무엇인가' 이런 뻔하지만 생각할수록 어려운 이야기들로 시작하곤 해서 학생들이 진을 빼곤 했습니다. 학자들이 가지고 있는 일종의 직업병 같기도 합니다. 사실 이 강의들 전체가 '법교육이란 무엇인가'라는 개념 정의를 자그마치 일곱 번의 강의로 나누어서 제시하고 있는 것이니 직업병이라 쳐도 꽤 심한 수준이 아닌가 싶기도 합니다. 하지만 그만큼 법교육에 대해서는 무관심한 분들도 많고 그냥 일반인들에게 좀 쉽게 법을 가르치는 '알기 쉬운 생활 법률 상식교육'으로 오해하시는 분들이 많아서 제가 평생을 바쳐서 연구하고 있는 이 분야의 개념을 좀 더 세세한 내용들을 바탕으로 충분히 정확하게 정리하고 알릴 필요가 있겠다는 생각에서 이 강의 시리즈를 시작하게 되었습니다.

앞선 두 차례의 강의에서 법교육이 등장하게 된 배경을 아주 자세히 설명드렸습니다. 요약해서 다시 말씀드리자면, 법교육은 법치를 통한 민주주의의 실현을 위해 시민들에게 법의식을 함양하는 것을 목적으로 이루어지는 민주시민교육의 핵심영역이라고 할 수 있습니다. 제가 법교육에 처음으로 관심을 갖고 공부를 시작했던 시점은 세기의 전환점이었던 2000년 즈음이었는데 이때만 해도 법교육이 뭔지 알고 관심을 갖는 분들이 거의 없어서 여러 가지 어려움을 겪었습니다. 그래서 우선 법적 근거가 있어야 연구든 프로그램 활동이든 안정되게 추진할 수 있겠다는 생각이 들어 뜻있는 법대, 사범대 교수님들, 법교육 사업을 추진하던 법무부, 한국법교육센터 등과 힘을 모아 2006년부터 입법예비작업을 시작했고 그 결실로 2008년 제정, 시행된 법이 바로 '법교육지원법'입니다. 이 법과, 뒤이어 2021년 제정된 '법교육지원법 시행령'은 법교육학이 우리나라에 뿌리내리는데 든든한 기반의 역할을 하고 있습니다. 그래서 법교육에 관한 공식적인 정의도 이 법의 내용을 바탕으로 말씀드리는 것이 좋을 것 같습니다. 법교육지원법 제2조에서는 법교육을 다음과 같이 정의하고 있습니다.

제2조 (정의) 이 법에서 사용하는 용어의 뜻은 다음과 같다.
1. "법교육"이란 청소년 및 일반국민에게 법에 관한 지식과 기능, 법의 형성과정, 법의 체계, 법의 원리 및 가치 등의 제공을 통하여 민주시민으로서 필요한 법적 이해능력, 합리적 사고능력, 긍정적 참여의식, 질서의식, 헌법적 가치관 등을 함양함을 목적으로 하는 법과 관련된 일체의 교육을 말한다.

이 조항을 만들 때 참여하신 분들이 함께 1978년 제정되었던 미 연방의 법교육법, 일본과 독일, 영국의 자료 등을 비교분석하며 고심했던 기억이 납니다. 그래서 이 조항의 각 부분은 나름의 의미를 담고 있습니다. 그 의미는 법교육(Law-Related Education)이 법대나 법학전문대학원에서 이루어지는 '법학 교육'(Legal Education)과 무엇이 다른지 비교해보는 것을 통해 보다 선명하게 드러날 수 있을 것 같습니다.

일단 '청소년 및 일반국민에게'라는 구절은 법학 교육이 예비법조인을 대상으로 하는 것인 반면, 법교육은 일반 시민을 대상으로 하는 것임을 보여주는 것입니다. 청소년과 일반국민을 굳이 구분한 것은 두 대상에게 필요한 법교육의 양상이 조금 다르기 때문입니다. 이 부분은 뒤에서 더 자세히 설명드리도록 하겠습니다.

이어지는 '법에 관한 지식과 기능, 법의 형성과정, 법의 체계, 법의 원리 및 가치 등의 제공을 통하여'는 법교육의 내용을 설명하는 것입니다. 얼핏 보면 법학 교육의 내용과 차이가 없어 보이지만 서두의 '법에 관한 지식과 기능'이라는 설명에 모두 포함될 것 같은 '형성과정, 체계, 원리 및 가치'를 굳이 추가로 서술한 부분에 주목할 필요가 있습니다. 시민들이 법의식을 갖추려면 기본적인 법적 소양이 필요한 것은 당연하지만 그 내용의 양상이 사건이나 법률적 사실관계를 직접 판단하는데 필요한 구체적인 내용들이라기보다는 법의 근본적인 원리와 가치를 이해하기 위한 법 전반의 형성과정이나 체계 등 보다 일반적이고 항구적인 내용에 초점이 맞춰줘야 한다는 의미입니다.

이런 의도는 다음 구절의 법교육 목표 서술에 보다 명확하게 드러납니다. '민주시민으로서 필요한 법적 이해능력, 합리적 사고능력, 긍정적 참여의식, 질서의식, 헌법적 가치관 등을 함양함을 목적으로'라는 서술에서 법교육의 목적은 합리적 사고, 주체적 참여, 이해능력과 가치관을 바탕으로 궁극적으로는 민주시민을 길러내는 것임을 천명하고 있습니다.

이렇게 예를 들어보면 어떨까 싶습니다. 어느 병원에 인정 많고 직업윤리가 투철한 의사선생님이 계신다고 가정해 봅시다. 이 분이 누가 봐도 성실하고 환자들에게 최선을 다하는 의사선생님이지만 정작 진료를 하면 오진을 많이 하고 수술실에 들어가면 손을 떠는 분이라면 '훌륭한 의사'라고 할 수 있을까요? 그보다는 좀 불친절하고 오만한 성격이지만 환자의 치료만큼은 확실하게 잘해내는 의사가 직업적 차원에서는 더 훌륭하다고 말할 수 있을 것입니다. 반대로 일반인의 경우라면 어떨까요. 우리는 TV의 정보프로그램에서 시청자들을 대상으로 의학지식을 전달하는 경우를 종종 봅니다. 예를 들어 '담석의 모든 것!'이라는 코너를 통해 담낭에 생기는 담석에 대해 어떤 전문가가 나와서 설명을 한다고 할 때 그 내용은 결국 담석이 생기는 이유, 증상, 치료법 등 의사들이 배우는 내용과 별반 다르지 않은 내용을 다루는 것처럼 보입니다. 하지만 의학 교육과 결정적인 차이는 그 목적이 이걸 일반인들에게 가르쳐서 본인이 직접 증상을 진단하고 약을 처방하고 치료를 하는 수준에 이르도록 하는 것이 아니라 평소에 건강에 관심을 가지고 좋은 생활 습관을 가지고, 만약 문제가 생기면 빨리 병원을 찾아서 의사를 신뢰하고 치료를 맡기도록 하기 위해서 입니다. 즉, 담석 문제에 대한 올바른 '인식'을 갖고, 이에 따라 '스스로 행동할 의지'를 기르도록 하는 것이 핵심적인 목적인 것이지요.

이것을 법학 교육과 법교육의 문제로 환원해서 말해볼까요. 주로 법학전문대학원 등에서 이루어지는 '법학 교육'은 전문 법조인을 양성하는 것을 목적으로 하기 때문에 전문가로서 갖추어야 할 지식과 기능에 좀 더 초점을 맞춘다면, 일반인을 대상으로 하는 '법교육'은 기본적인 법적 소양을 바탕으로 한 법에 대한 올바른 가치관과 인식을 기르도록 하여 민주 시민에게 필요한 시민성을 함양하는 것을 목적으로 한다는 점에서 큰 차이가 있습니다. '법'이라는 같은 대상, 주제를 가지고 있긴 하지만 최종적으로 지향하는 목적이 다르기 때문에 여기에 접근하는 방법도, 과정도 달라질 수밖에 없습니다.

미국의 변호사들을 대표하는 단체인 'American Bar Association'(ABA)에서도 법교육의 중요성을 일찍부터 인식하고 법교육 특별기구를 만들어서 여러 프로그램을 운영하고 있는데 이곳에서도 법교육의 정의를 '복잡하고 가변적인 현대사회에서 법과 법적 쟁점에 대해서 효과적으로 대처하는 데 필요한 지식, 태도, 기능, 평가력 등을 개발할 기회를 제공하는 조직된 학습경험'이라고 제시하고 있고 우리보다 앞서 1978년 연방법으로 만들어진 미국의 법교육법에서도 법교육을 '일반인에게 법, 법절차, 법제도에 관한 지식과 기술 및 그의 바탕이 되는 근본원리와 가치들을 교육하는 것'으로 정의하고 있습니다. 우리나라 법교육 지원법의 정의와 일맥상통하는 부분이 있지요?

2. 법교육의 종류

　살펴본 김에 법교육 지원법의 내용을 조금 더 보도록 합시다. 제2조의 2항과 3항은 다음과 같은 내용을 담고 있습니다.

> 2. "학교 법교육"이란 「초·중등교육법」 제2조 및 「고등교육법」 제2조에 따른 학교에서 교육과정의 일환으로 행하는 모든 법교육을 말한다.
> 3. "사회 법교육"이란 법교육 관련 단체와 「평생교육법」 제2조제2호에 따른 평생교육기관 등에서 행하는 모든 법교육을 말한다.

　법교육의 세부 종류를 '학교 법교육'과 '사회 법교육'으로 나누어 정의하고 있는 조항들입니다. 이제까지는 '법학 교육'과 '법교육'이 어떻게 다른지 얘기해왔는데 이젠 다시 '법교육' 안에도 여러 종류가 있다니 좀 당황스러우신가요? 사실 법교육은 생각보다 꽤 다양한 영역들을 포괄하고 있습니다.

　나중에 법교육의 역사를 강의하면서 좀 더 자세히 말씀드리겠지만 법교육이 처음 활성화된 미국에서는 초기 단계인 5~60년대에 법교육을 법조인을 양성하는 것을 목표로 하는 '법학 교육'(Legal Education)과는 다르지만 어쨌든 법을 가르치는 것이니 '법률 교육'(Law Education)이라고 불렀었습니다. 하지만 이래서는 기존의 법학 교육과 차별성을 확보하는 것이 어렵다는 한계가 드러나게 되었고 법교육에 전념하는 사람들이 늘어나고 ABA의 지원으로 법교육이 확장되던 1970년대에는 비로소 법과 관련된 내용을 바탕으로 시민성을 함양하는 교육이라는 의미를 지닌 'Law-Related Education'(LRE)이라는 용어가 자리잡게 되었습니다. 그래서 지금도 여러분이 '법교육'에 관련된 자료를 해외 사이트에서 검색하시려면 'LRE'라는 약자를 사용하시는 것이 가장 좋습니다.

하지만 1980년대를 넘어서면서 법교육의 영역이 더 다양화되는 시기에 이르자 이 용어는 한계를 드러내게 됩니다. 여기에는 우리나라와 좀 다른 환경에 처해있는 나라들의 사정이 영향을 미쳤습니다. 예를 들어 호주의 경우 대단히 넓은 국토에 상대적으로 적은 인구가 흩어져서 살고 있기 때문에 제대로 된 법률 서비스를 제공하기 어렵다는 문제가 있었습니다. 그래서 지역 사회를 단위로 기초적인 법교육을 제공하는 '지역공동체 법교육'(Community Legal Education, CLE)이 등장하게 되었습니다. 이건 시민성 함양이라기보다는 생활 속에서 부딪치게 되는 법적 문제들을 이해하고 대처하기 위한 기초적인 법률 정보를 전달하는 데 주안점이 있었기 때문에 '시민법률정보 서비스'(Public Legal Information, PLI)로 불리기도 했습니다. 하지만 시민들에게 법률정보에 대한 접근성을 높이겠다는 단순한 취지로 시작된 이 사업들은 곧 벽에 부닥쳤습니다. 대부분의 사람들은 애당초 자신이 처한 문제가 법적인 문제인지 조차 구분하기 어려웠고 이 경우 어떤 법적 정보가, 언제, 얼마나 필요한지를 판단할 소양이 부족했기 때문입니다. 따라서 법률정보의 전달은 기본적인 법적 소양, 법의식의 향상을 목적으로 하는 교육과 결합해야 한다는 문제의식이 생겼고 그 결과 '시민법교육 및 정보서비스' 혹은 이 긴 용어를 단순화한 '시민법교육'(Public Legal Education, PLE)이라는 개념이 정착되었습니다.

시민법교육은 주로 성인을 대상으로, 법의식이나 가치관보다는 정보 전달을 주된 목적으로 이루어진다는 점에서 기존의 법교육과 약간 궤를 달리하게 되었고 그래서 청소년을 대상으로 하는 법교육은 '학교 법교육'(LRE)이라고 부르고 성인을 대상으로 하는 법교육은 '시민법교육' 혹은 법교육 지원법에 나온 용어처럼 '사회 법교육'이라고 구분하게 되었습니다. 하지만 여전히 법교육을 통칭할 때는 LRE라는 용어가 일반적으로 사용됩니다.

법교육은 생각보다 그 활용분야가 넓기 때문에 그 하나하나를 법교육의 종류로 본다면 스펙트럼은 더욱 넓어지게 됩니다. 지금까지 말씀드린 '시민교육으로서의 법교육'이 공교육제도 하에서 법교육이 가지는 가장 큰 의미라고 할 수 있지만 이 외에도 법교육이 응용될 수 있는 영역들은 많습니다.

먼저 '국민참여 재판 교육'이 있습니다. 2008년부터 사법개혁의 일환으로 시작된 우리나라의 국민참여 재판은 일반인들이 배심원으로 재판에 참여하는 것인데 이를 위해서는 시민들이 기본적인 법적 소양을 갖추는 것이 필수적으로 요구됩니다. 크게 영역을 나누자면 세 가지로 나눠볼 수 있는데 첫 번째는 배심원에 선정된 사람들에 대한 직접적인 교육, 두 번째는 배심원이 될 수도 있는 사람들에 대한 기본적인 소양 교육, 세 번째는 배심원 자격이 아직 없는 청소년들을 포괄하여 국민참여 재판에 대해 널리 알리고 긍정적인 인식을 전파하는 교육 등입니다. 일본에서도 2009년부터 '재판원 재판'이라는 제도가 시행되고 있는데 일본의 법교육은 이 제도의 도입이 처음 논의되기 시작한 2004년부터 본격적으로 활성화가 되었을 정도로 법교육에서 핵심적인 영역을 차지하고 있는 부분입니다.

다음으로는 '소년사법제도에서 우회교육'으로서 활용되는 법교육입니다. 이 부분을 설명드리려면 먼저 '우회교육'(diversion)이 무엇인지 말씀드려야겠네요. 범죄율이 높아지는 원인을 분석해보면 가장 큰 원인은 신규 범죄자의 증가가 아니라 '재범'의 증가입니다. 즉, 범죄를 저지르는 사람이 또 범죄를 저지르는 것이 큰 문제라는 것이지요. 그런데 이 재범의 원인을 다시 분석해보면 어린 나이에 전과자가 될 수록 재범률이 높아지는 것을 확인할 수 있습니다. 생각해보면 당연한 일입니다. 어린 나이에 충동적으로, 일시적인 욕망에 못이겨 실수를 저질렀는데 그것으로 전과자가 되어 정상적인 사회생활을 할 수 없게 되었다고 생각하면 그 길로 범죄자의 나락으로 떨어지는 것이 더 쉬울 수밖에 없겠죠. 그래서 청소년들에 대해서는 비교적 관대한 처벌로 교정의 효과를 높이려는 '소년법'이 따로 제정된 것이고 비슷한 취지에서 초범이고 경범의 경우엔 정규 형사절차에 회부하는 대신 다른 절차로 우회하여 교육, 봉사 등의 처분을 통해 교화하고 형사처벌을

면하도록 해주는 것이 '우회교육'입니다. 문제는 이 교육과 봉사의 과정이 잘못을 저지른 청소년들이 자신의 행동을 돌아보고 공동체 안에서 자신의 의무와 역할을 되새기게 하는 것이라야 할텐데 무작정 연탄을 나르고 쓰레기를 줍거나 명상을 하는 것보다는 구체적으로 우리 사회의 규범이 무엇이고 어떻게 작동하는지를 알려주는 법교육이 효과적인 방식이라는 것입니다. 주로 청소년 범죄 문제가 심각한 미국에서 이 우회교육으로서의 법교육이 여러 프로그램으로 개발되어 활발하게 활용되고 있는데 소년원, 소년분류심사원, 보호관찰 등 다양한 기관과 단계에서 활용되어 효과성을 입증하고 있습니다.

법교육은 '평생교육'의 차원에서도 활용될 수 있습니다. 이제는 초중고로 마무리되는 공교육제도의 교육내용만으로는 빠르게 변화하는 사회에 적응하는 것이 어렵기 때문에 성인들에 대해서도 생애주기 전체를 통해 지속적으로 교육이 이루어져야 한다는 평생교육 개념이 당연하게 받아들여지고 있습니다. 그 기관도 문화센터, 도서관, 지방자치단체, 대학 등 다양해지고 있죠. 평생교육의 여러 영역 가운데 법교육은 수강자들에게 가장 현실적인 도움을 줄 수 있는 내용들입니다. 교통사고가 났을 때 대응요령, 부동산 거래 시 유의사항, 돈을 주고받을 때 권리를 보호받는 방법 등 우리가 살아가면서 알아야 할, 미리 알고 있으면 큰 문제를 쉽게 막을 수 있는 법률 지식들은 정말 많습니다. 따라서 이 부분은 개개인이 알아서 인터넷 등을 통해 정보를 찾아보도록 방치할 것이 아니라 애초에 본인의 문제가 어떤 법적 성격을 가지고 있으며 어떻게 도움을 구해야 하는지 가장 기초적인 부분에서 지속적인 평생 교육이 이루어져야 합니다. 최근에는 대학에서도 법학

전문대학원이 설치된 대학은 학부 법대를 없애도록 해서 법 관련 교양강좌의 수가 크게 줄어드는 것이 문제가 되고 있습니다. 평생교육으로서의 법교육에 공적 차원의 관심과 개입이 좀 더 높아질 필요가 있을 것 같습니다.

법교육은 '사회 적응 프로그램'으로서 기능할 수도 있습니다. 다른 사회에 살던 사람이 우리 사회에 들어왔을 때 가장 어색하고 때로는 두려운 제일 중요한 영역이 바로 법과 제도에 관련된 부분입니다. 구청이 뭔지, 동사무소가 뭔지, 경찰은 어떤 일을 도와줄 수 있고 어떤 일을 당했을 때 부당하다고 권리를 주장할 수 있는지 모르는 사회에 던져진 이방인들은 소극적이거나 혹은 폭력적으로 사회에 반응할 수밖에 없습니다. 따라서 이들의 적응을 돕는 가장 중요한 교육 영역은 단순한 문화적 체험이 아니라 체계적으로 법을 알려주는 일일 것입니다. 대표적으로 점점 그 숫자가 늘어나고 있는 탈북자 새터민들의 국내 적응 교육 혹은 결혼이민자와 이주민 노동자를 포함하는 다문화 구성원들에 대해서 법교육이 좀 더 활성화될 필요가 있습니다.

법조인을 양성하는 법학전문대학원과 같은 '법 전문가 양성과정'에서도 법교육은 활용될 수 있습니다. 얼핏 생각하면 법을 가장 깊고 넓게 배우는 법 전문가들에게 법교육이 무슨 효용이 있을까 싶으실 겁니다. 하지만 이들은 이미 법전문가가 된 사람들이 아니고 법전문가로서 교육받는, 성장하는 사람들이라는 점을 염두에 둘 필요가 있습니다. 예를 들어 법학전문대학원 학생들은 종종 공익봉사활동을 하게 됩니다. 이른바 'Pro Bono'라고 불리는 활동인데 당장 떠올리는 것은 법률문제 무료 상담 같은 것이겠지만 아직 법을 배우는 입장에서 실제 사건에 조언을 제공하는 것은 문제가 있을 수 있기 때문에 양로원, 고아원에서 돌봄봉사 등 법과 관련 없는 활동을 하는 경우가 많습니다. 미국의 하버드 로스쿨이나 조지타운 로스쿨 등에서는 이런 활동 대신 인근의 초중고등학교를 방문해서 학생들에게 법을 가르치는 봉사활동을 시도했습니다. 그런데 로스쿨 학생들이 법을 잘 안다고 해도 학교에 나가서 가르치는 것은 또 다른 문제입니다. 초중고 학생들의 눈높이와 학교 교육과정에 맞춰서 내용을 재구성해야 하고, 이를 제한된 시간 안에 효과적으로 전달하는 교수학습방법도 익혀야 하니까요. 그래서 로스쿨 차원에서 '법교육 클리닉'을 개설하여 여기에서 법교육 방법을 이수하고 난 후 학교현장에서 교육을 하도록 연결해주고 있습니다.

이런 법교육 활동은 로스쿨 학생들에게 큰 도움을 줍니다. 우선 가르치는 과정에서 오히려 자신이 법 관련 내용을 더 잘 이해하고 정리하게 됩니다. 또한 학생들의 눈높이에 맞춰 내용을 전달하는 훈련을 하는 것은 나중에 변호사가 되어 고객들을 응대할 때, 특히 법정에 나가 변론을 하고 배심원들을 설득할 때 큰 힘이 될 수 있는 소중한 경험이자 교육입니다. 현실적인 차원에서 보자면 어차피 로스쿨 학생들은 지역 사회에서 변호사로 활동할 가능성이 높은데 장래의 고객들을 확보하는 일이 되기도 하죠. 로스쿨 차원에서는 로스쿨이 지역사회에 기여하고 밀착하는데 이보다 더 좋은 프로그램은 없을 것입니다. 따라서 미국에서는 많은 로스쿨들이 법교육 클리닉을 설치하고 프로그램을 운영하고 있지만 아직 우리나라의 법학전문대학원에서는 이에 대한 관심이 부족한 상황입니다.

이 외에도 법교육은 법제도에 대한 국민들의 신뢰를 회복하고 그를 통해 법의 실효성을 확보하는데 중요한 수단이 될 수 있습니다. 국민들이 법을 믿고 이에 따라 행동하려 하지 않는다면 사법제도는 제대로 운용될 수 없을 것입니다. 따라서 법무부, 선거관리위원회 등 여러 정부기관에서는 법교육 활동을 벌이고 있으며 대법원도 청소년참여재판 등의 프로그램들을 운영하고 있습니다. 사실 일본이나 미국 등에서는 변호사 단체들이 법교육의 가장 중요한 역할을 담당하는 경우가 많은데 아직 우리나라에서는 변호사 단체에 의한 법교육은 미미한 편이라서 많이 아쉽습니다.

법교육이 이렇게 많은 분야에서 활용될 수 있다는 점이 놀랍죠? 사실 우리가 살아가는 현대 사회에서 법은 생활의 거의 모든 영역에 침투해있는 기본 규범이기 때문에 이것을 알고 활용하는 것은 모든 사람들의 상식이 되어가고 있는 것 같습니다. 하지만 의외로 이런 필요성이, 그러니까 법교육의 필요성이 제기되고 학문과 제도로 정착된 것은 그리 오래된 일이 아닙니다. 다음 강의에서는 법교육이 어떻게 탄생하고 성장했는지 그 역사를 미국의 사례를 중심으로 살펴보도록 하겠습니다.

Chapter

04

법교육의 역사

LAW

1. 미국 법교육의 태동과 성장

　이번 시간에는 법교육이 어떤 역사를 통해 만들어지고 성장해 왔는지 살펴보도록 하겠습니다. 사실 법교육이 없었던 시대는 없었다고 봐도 무방할 것입니다. 마치 법이 어느 나라, 어느 시대에나 있었던 것처럼 그 법이 실효성을 지니려면 사회 구성원들에게 제대로 그 내용과 힘을 인지시켜야만 했을 테니까요. 물론 그건 시대에 따라 각기 다른 형태로 나타나긴 합니다. 그리스 신화라면 신에게 불경한 행동을 한 사람이 어떤 처벌을 받는지 보여주는 것을 통해서 관습과 규범을 지키도록 강제했을 것이고, 유교에서 가르치는 장유유서, 군사부일체와 같은 원리, 불교에서 다른 사람에게 나쁜 짓을 한 사람이 사후에 온갖 고통을 받는 지옥도의 모습을 보여주는 것, 혹은 겨울밤 할머니가 손주들에게 권선징악의 교훈을 담은 옛이야기를 들려주는 것까지 모두 넓게 보면 법교육이라고 할 수 있을 것입니다.

　하지만 이 자리에서 이야기하는 법교육은 앞선 강의에서 말했던 근대, 그러니까 법치를 통한 민주주의의 구현이 현실적인 제도로 이어졌던 시기 이후에 시민들이 사회의 주체가 될 수 있도록 법적 소양과 권리의식, 참여의 능력을 길러주는 교육이 시작되었던 시점으로 국한해서 이야기를 진행해야 할 것 같습니다. 그리고 그런 성격의 법교육은 미국을 시발점으로 보는 것이 타당할 듯합니다.

미국은 우리가 흔히 '신대륙' 혹은 '신생 국가'라는 이미지를 갖게 마련이지만 봉건왕조가 아닌 '근대 국민국가'의 형태로 등장한 국가들 중에서는 가장 시대가 앞선 국가라는 점을 간과하기 쉽습니다. 우리가 민주주의를 향한 시민 혁명의 대표격으로 생각하는 '프랑스혁명'(1789) 조차도 미국 독립혁명(1776)의 영향을 받아 그 다음에 발생한 혁명이고 정작 프랑스가 '공화국'의 형태로 성립되는 것은 그보다도 훨씬 뒤의 일이었다는 점을 생각하면 1789년에 이미 초대 대통령인 조지 워싱턴을 선출하여 연방국가로 첫 걸음을 내딛은 미국은 적어도 국민국가의 차원에서는 '가장 오래된 국가'라고 볼 수도 있을 것입니다.

문제는 일반적으로 국민국가가 '민족'이라는 개념을 중심으로 공동체의 기반을 쌓은 '민족국가'의 성격을 지닌 데 반해, 미국은 그 시작점에서부터 '민족' 개념을 전면에 내세울 수 없는 이민자들의 연합체와 같은 형태로 시작했다는 점입니다. 13개 주의 연방 형태로 국가가 시작된 것도 그런 이유에서였고 19세기 중반에 미국 역사상 가장 많은 사상자를 낸 내전인 '남북전쟁'이라는 비극이 벌어진 것도 원인을 따져보자면 이런 사회적 통합 기제가 약한 상태에서 자신들의 이해관계에 따라 연방에서 탈퇴하려고 했던 남부 지역을 북부 지역이 무력으로 통합하여 연방에 편입시키는 과정이라고 볼 수 있습니다. 그러니 이 비극적인 전쟁을 치른 후 미국인들은 어떻게 하면 '미국인'을 한데 묶는 관념을 만들어낼 수 있을 것인지 고민하지 않을 수 없었습니다. 그 1차적인 상징물은 건국의 상징인 미국 독립선언서와 헌법이었고 인물로서는 링컨이 하나의 아이콘과 같은 존재로 강조되었지만 여기에는 상징을 넘어서는 '내용'이 필요했습니다.

이에 대한 응답 가운데 하나로 20세기 초반에 등장한 것이 '민주시민'이라는 관념을 통해 통합의 축을 세우려고 했던 '사회과목'(Social Studies)이었습니다. 지리를 통해서는 공간적으로, 역사를 통해서는 시간적으로 동질감을 형성하고 이 위에 사회과목에서는 보편적 민주주의의 이념에 동의하고 이에 따라 행동하는 사람을 설정함으로써 '미국인'(American)의 공통된 상을 만들어낼 수 있었죠. 그러니 여기에 미국의 공통된 규범인 '법'이 중요한 내용영역으로 포함되는 것은 당연했을 것입니다. 하지만 앞서 미국을 대표하는 상징이 독립선언서와 헌법이라고 말씀드린 것처럼 제2차 세계대전이 끝나고 미국이 진정한 세계 최고의 강대국으로 올라서는 1950년대까지는 법교육이 그저 헌법을 중심으로 하는 사회통합교육, 준법 교육의 수준을 넘어서지 못합니다. 여기에 또 다른 변화의 계기를 제공한 것이 바로 '스푸트니크 쇼크'입니다. 그게 뭐냐구요? 이건 좀 긴 설명이 필요한 내용인데 간략하게 말씀드리면 이렇습니다.

2차 세계대전에서 추축국 가운데 마지막으로 저항하던 일본을 무너뜨린 것은 두 발의 원자폭탄이었습니다. 폭탄 한 발이 도시 하나를 초토화시키는 상황은 전세계를 경악하게 만들었고 당시 이 무기를 유일하게 가지고 있던 미국이 단숨에 최고의 강대국 자리에 오르는 원동력이 되기도 했습니다. 하지만 불과 종전 4년 후인 1949년 공산주의 국가로 미국을 위협하던 소련 역시 핵무기 개발에 성공하게 되고 이는 미국인들에게 큰 충격을 줍니다. 소련이 그렇게 빨리 미국의 기술을 따라올리 없으니 미국 내에 있는 스파이들이 정보를 빼간 것이 틀림없다는 의심에서 미국 내 공산주의자 색출작업인 '매카시즘'이 기승을 부리기도 했습니다. 하지만 1957년, 이번에는 소련이 인공위성 스푸트니크를 개발했다는 소식까지 전해집니다. 이 소식은 이전의 핵무기 개발보다 더 큰 충격을 가져왔습니다. 일단 인공위성은 미국조차 아직 성공하지 못한 기술이니 미국의 기술을 훔쳐갔다는 말이 성립할 수가 없었고, 인공위성이 우주에서 미국을 내려다보며 온갖 정보를 수집할 수 있다는 공포, 특히 인공위성에서 미국을 향해 핵폭탄을 발사한다면 어떻게 막을 것인가 하는 현실적인 문제에 직면했기 때문입니다. 당시 스푸트니크의 궤적은 미국 한가운데를 관통하도록 설계되어 있었기 때문에 미국인들은 정해진 시간에 들판으로 나가 그 깜박거리는 불빛이 밤하늘을 가로지르는 것을 보며 눈앞의 현실로 다가온 소련의 추월에 망연자실해 했다고 합니다.

이에 당시 2차 세계대전의 영웅으로 당시 대통령이 되어 있었던 아이젠하워는 이 사건을 '스푸트니크 충격'이라고 선언하고 소련과의 우주 경쟁에 돌입합니다. 그러면서 미국이 소련과의 과학기술 경쟁에 뒤처진 것이 교육이 낡았기 때문이라고 생각해서 교육분야에 대대적인 개혁이 가해지게 됩니다. 학생들에게 학문 자체의 핵심, 높은 수준의 성취를 전달해야 한다는 '학문 중심 교육과정'이라는 것이 등장하게 되죠. 이런 변화의 흐름 속에 법교육도 기존의 헌법 암기식 교육이 아니라 법 자체, 특히 생활에서 사람들이 부딪치게 되는 문제들을 중심으로 가르치는 '생활법 교육'이 필요하다는 문제가 제기되었고 그 중심에는 '이시도르 스타'(Isidor Starr)라는 사람이 있었습니다.

미국 현대 법교육의 아버지라고도 할 수 있는 이시도르 스타는 로스쿨을 졸업하고 뉴욕주에서 고등학교 교사를 하고 있었습니다. 법을 전문적으로 배웠고 다시 현장 교사 생활을 하는 스타의 입장에서는 학생들이 추상적인 법내용이나 헌법만을 달달 외우는 게 학생들이 법을 외면하게 만드는 원인이라고 생각했죠. 그래서 학생들이 생활 속에서 부딪치는 문제들을 통해 관련된 법적 내용을 가르쳐야 법의 중요성, 유용성, 삶과 법의 연관성을 알게 될 거라고 주장하면서 이 교육에 법학 교육과 구분되는 'Law Education'이라는 명칭을 붙입니다. 그런데 스타가 이런 주장을 펼친 글을 우연히 당시 연방대법원 판사였던 윌리엄 브레넌이 읽게 돼요. 9명의 판사가 종신직으로 일하면서 미국 사법제도의 정점에 위치하는 연방대법원은 거의 신과 같은 권위를 인정받고 있는데 그 중 한명인 브레넌이 스타의 글에 공감하면서 청소년들에게도 법을 가르쳐야 한다는 언급을 하자 전국적인 차원에서 법교육에 대한 관심이 일어나게 됩니다.

하지만 엄밀히 말하자면 이 시점까지도 스타, 그리고 브레넌은 실정법 가운데 생활에 연관된 법 내용을 학생들에게 가르치자는 지점에 포인트를 두었기 때문에 시민 교육으로의 중심 이동이 완전히 이루어진 상태는 아니었습니다. 여기에 다시 한번 변화의 계기가 된 것이 1960년대 미국을 뒤흔든 사회적 혼란이었습니다. 당시 미국은 50년대부터 시작된 흑인 민권 운동, 베트남전 파병으로 인한 반전운동, 68 학생운동의 여파로 시작된 대학가의 각종 시위, 반문화와 기성세대에 대한 저항을 외치며 등장한 히피무브먼트까지 약 10년이 넘는 시간동안 엄청나게 시끄러운 상황에 놓여있었고 1970년대에 들어서자 이제 슬슬 사회질서를 다잡을 필요가 있지 않은가 하는 대중들의 요구가 고개를 들기 시작합니다. 바로 이즈음인 1972년 미국을 대표하는 로스쿨 중 하나인 조지타운 로스쿨에서 지난 강의시간에 말씀드린 법교육 클리닉을 수강하고 고등학교에 가서 법교육을 했던 리 아베트만(Lee Arbetman)과 오브라이언(O'brian)이라는 학생들이 법교육의 중요성과 가능성을 확인하고 여기에 본인들의 인생을 걸기로 합니다. 이들은 기존의 법교육이 법학교육의 축소판에 불과했다는 점을 지적하면서 생활 속의 법교육을 지향한다는 의미에서 자신들이 개발한 프로그램에 'Street Law'라는 이름을 붙이고 워싱턴에서 활동을 시작하고, 같은 이름으로 교재도 발간하게 되는데 이 책이 꽤 충실하게 구성되어 있었기 때문에 미국 법교육을 대표하는 교재로 널리 활용되게 됩니다. 이런 성곡을 바탕으로 Street Law 프로그램이 확대되자 이를 전담할 민간단체인 'Street Law'도 설립하게 되는데 이곳이 연방대법원, 법무성 등 여러 기관과 협력하여 다양한 법교육 활동을 전개해 나가게 됩니다.

이런 흐름이 전국적으로 확산되는 계기를 마련한 것이 우리나라의 대한변호사협회에 해당하는 전미변호사협회(American Bar Association, ABA)입니다. ABA 자체가 미국의 법조인들에게 절대적인 영향력을 미치는 강력한 단체였는데 이즈음 이 단체의 수장을 맡은 사람이 미국의 역사를 뒤흔든 워터게이트 사건의 특별검사였던 레온 자워스키(Leon Jaworski)였습니다. 자워스키는 평소부터 법교육에 관심을 가져왔기 때문에 ABA의 수장이 되자 협회 내에 별도의 법교육 지원기구인 YEFC (special committee on Youth Education For Citizenship)를 발족시키고 법교육을 적극 지원합니다. ABA가 전국단위 조직이었기 때문에 법교육의 확산에 큰 계기가 마련된 것이지요. 그런데 이 기구의 이름을 주목해 볼 필요가 있습니다. '법을 가르친다'에 방점을 찍은 것이 아니라 '시민성'(citizenship)을 위한 교육이라는 점을 명확하게 제시하고 있잖아요. 즉, 오히려 법전문가들의 입장이었기 때문에 일반인들에 대한 법교육이 법학교육과 달라야 한다는 점을 보다 분명히 인식하고 있었고 그 논의 과정에서 개념을 분리하여 '법교육'(Law-Related Education)이라는 용어가 자리를 잡게 됩니다. 특히 이러한 흐름의 정점에서 1978년 연방 차원에서 제정된 법교육 지원법이 'Law-Related Education Act'라는 명칭을 사용했기 때문에 이 용어가 법교육을 대표하는 것으로 자리잡게 되었죠. 우리가 지금 논의하고 있는 법교육의 원형은 이 시점에서 완전히 형태를 갖추었다고 할 수 있습니다.

2. 우리나라의 법교육 역사

그렇다면 우리나라의 법교육은 언제부터 어떻게 시작된 것일까요? 사실 의외로 우리나라의 법교육은 매우 이른 시기에 시작되었고 심지어 미국보다도 시기가 빠르다고 할 수 있습니다. 그 시작은 우리나라에서 근대 교육이 시작된 1800년대 후반까지 거슬러 올라갑니다. 구한말, 개화기 조선의 가장 시급한 과제는 근대화, 즉 오랫동안 유지된 봉건체제를 극복하고 새로운 시대에 걸맞는 국가체제와 경쟁력을 갖추는 것이었고 이는 곧 우리보다 먼저 근대화에 성공한 서양의 문물을 빠르게 흡수하는 것으로부터 시작한다는 인식으로 연결됩니다. 여기서 기존 조선 사회의 기본 틀이었던 유교원리를 대체하는 것으로 여겨진 것이 바로 서양의 법체계였습니다. 그래서 대한제국은 1895년 법관양성소 규정을 공포하고 법관의 실무 교육을 시작합니다. 당시 대한제국이 근대화과정에서 법률체계의 정비와 법관의 확충을 중요한 과제로 인식하고 있었음을 보여주는 것이지만 법관양성소는 법조인을 양성하는 곳이었으므로 일반 국민을 대상으로 한 법교육으로 보기는 어렵습니다.

하지만 민간 차원의 법교육은 오히려 이보다 앞서 시작되고 있었습니다. 1883년 설립된 최초의 민간교육기관인 원산학사에서는 공통 필수교과목 10개 가운데 '만국공법'과 '법률'이라는 두개의 교과목을 교육하고 있었습니다. 만국공법은 지금의 '국제법'을 가리키는 말이니 원산학사에서는 필수교과의 1/5를 국제법과 국내법에 할애하여 가르치고 있었다는 뜻이 됩니다. 또한 1895년 학부편집국에서 공법회통, 법학통론이라는 교과서를 발간하기도 했고 1899년 발표된 중학교 규칙에서 고등과 15개 교과목의 하나로 '법률'을 포함시키고 있어 개화기 학교 교육에서 법교육은 이미 중요한 위치를 차지하고 있었던 것으로 보입니다. 그러나 일제 강점기에 들어서면서 법교육은 고등학교 교과과정에서 법제도와 경제체제의 일반적인 내용을 다루는 '법제'(法制) 혹은 '법제 경제'라는 과목으로 바뀌었다가 군국주의가 강화되는 1932년을 기점으로 그마저 폐지되어 명맥이 끊기게 됩니다.

해방과 함께 미군정이 시작되면서 민주주의의 뿌리를 다지려는 의도로 사회과가 도입되자 '법제생활'이라는 과목명으로 법교육은 다시 부활합니다. 1948년부터 전쟁 후인 1953년까지 정규교육과정이 아닌 교수요목의 형태로 이어지던 중등 법교육은 1954년 발표된 1차 교육과정에 '정치와 사회'의 일부로 흡수되게 됩니다. 정치보다 오히려 과목으로서의 역사가 더 길었던 법과목이 왜 정치와 사회에 포함되었을지에 대해서는 여러 가지 추측이 가능하지만 아마 헌법 내용을 중심으로 구성되었던 초기 법교육 교과의 내용들이 결국 헌법의 주요 내용 중 하나인 '통치구조론' 파트가 민주주의 정치체제를 설명하는데 용이하다는 이유로 결합되는 형태로 가게 된 것이 아닐까 싶습니다.

정치과목과 법과목의 동거는 생각보다 오래 이어져서 약 40년이 넘은 1997년 제7차 교육과정에 와서야 비로소 고등학교 심화선택과목에 '법과 사회'가 신설되면서 두 과목은 분리되었습니다. 이후 7차 교육과정이 종료되는 2008년까지가 우리나라 법교육이 크게 부흥하는 시기와 겹쳐지는 것은 우연이 아닐 듯합니다. 하지만 2009 교육과정에서는 교육부의 선택교과목 축소 원칙에 따라 '법과 사회' 과목은 다시 '정치' 과목과 통합되어 '법과 정치' 과목이 만들어졌고 2015 교육과정에서는 '정치와 법'으로 이름을 바꾸었습니다. 정치교육과 법교육은 일정한 연관성을 가지는 것은 사실이지만 각 과목이 다루는 핵심적인 내용도 다르고 두 과목이 합쳐지면서 학생들의 학습량이 증가하여 과목 선택에서 외면받게 되며 무엇보다 서로 이질적인 학습요소들이 체계성 없이 산재하게 된다는 점에서 매우 아쉬운 부분입니다.

　　지금까지 우리나라 법교육의 역사에 대한 설명을 들으면서 뭔가 앞서 설명한 미국의 사례와 초점이 많이 다르다는 느낌을 받으셨을 겁니다. 미국은 주로 민간기관과 개인들의 노력에 의해 법교육의 필요성이 제기되고, 프로그램 개발과 펀딩이 이루어져 발전한 반면 우리나라의 법교육 역사는 사실상 사회교과에서 법과목의 변천과정처럼 다루어졌기 때문입니다. 이 부분은 우리나라 법교육의 특징이고, 강점인 동시에 약점인 부분입니다. 우리나라에는 초중고 교육과정 내에 교과로서 혹은 교과의 내용으로서 법교육이 존재합니다. 이건 의외로 다른 나라에서는 쉽게 찾아볼 수 없는 일입니다. 아니, 과목 내용을 논하기에 앞서 표준화된 국가교육과정이 전국적으로 적용되는 일도 그리 흔한 일이 아닙니다. 미국도 우리나라의 교육청에 해당하는 교육구

(School District)에서 권장교육과정을 선정하면 현장 교사들이 선택적으로 적용하는 수준이고 영국, 프랑스도 국가교육과정이 없다가 2000년 이후에야 일부 과목을 지정했을 정도니까요. 아무래도 우리나라와 비슷하게 국가교육과정을 법령처럼 적용하는 나라는 동북아 3국인 한, 중, 일 정도일텐데 사회주의 국가인 중국을 논외로 한다면 일본의 경우에도 사회과목에 일부 법 관련 내용이 포함될 뿐 독립적인 내용요소로서, 심지어 독립과목으로서 법이 존재하지는 않습니다.

우리나라는 법교육, 법과목이 하나의 독립영역으로 인정받고 있기 때문에 사회과 교사를 양성하는 예비교사교육과정, 즉 사범대나 교대 등에서 이 부분을 전담할 저와 같은 교수나 연구자들을 필요로 하게 되고 이에 따라 대학원에서 법교육을 전공하는 학자들이 양성되면서 현장에서 법교육에 흥미를 가진 교사들이 다시 유입되는 등의 선순환구조를 가지게 됩니다. 연구자, 교육자, 현장교사, 학생 등이 유기적으로 순환될 수 있는 것이지요. 또한 우리나라의 법교육은 2006년부터 본격화된 법무부의 법교육 사업, 2008년 국민참여재판제의 시행을 전후로 한 대법원의 합류, 주무부처로서 다양한 협력사업을 펼친 교육부 등 국가기관을 중심으로 강하게 추진되었습니다. 그래서 우리나라의 법교육은 상대적으로 시작된 시기가 빨랐던 일본이나 독일, 심지어 법교육의 원조라고 할 수 있는 미국에 비해서도 더 빠르게 성장하고 확산될 수 있었습니다.

반면 민간 영역의 참여는 매우 저조한 편인데 미국의 Street Law나 CRF, Civitas 같은 민간 법교육 단체들은 거의 찾아볼 수 없고 일본에서 법무사회나 변호사회, 시민네트워크 등이 적극적인 활동을 펼치고 있는 모습 역시 우리나라에서는 보기 힘든 상황입니다. 따라서 정부 차원에서 관심이 집중되면 온갖 프로그램이 쏟아져 나오지만 그 동력을 계속 이어가야할 민간부문이 부진하다보니 꾸준한 교육활동과 사업진행이 잘 이루어지지 못하는 아쉬운 모습을 보이고 있습니다. 이 부분은 우리나라 법교육의 장기적인 과제라고 봐야 할 것 같습니다.

3. 일본과 독일의 법교육

이야기가 나온 김에 다른 나라의 법교육 역사를 조금만 더 훑어볼까요? 아주 세세한 부분까지 법교육의 영역으로 다루자면 여러 나라들이 포함될 수 있겠지만 우리가 참고할 만한 법교육의 흐름을 만든 나라로는 일본과 독일을 추가적으로 들 수 있을 것 같습니다.

우리나라의 법교육이 교육과정을 중심으로 논의가 전개된 반면 일본은 '재판원제'라는 사법제도가 핵심에 있었습니다. 일본 역시 우리나라와 마찬가지로 빠른 근대화를 위해 몸부림치던 19세기 중반 여러 서양의 사법제도를 접하는 과정에서 미국의 배심제가 소개되었고 일본을 근대국가로 환골탈태시킨 메이지유신의 헌법 초안 논의에도 배심제가 들어간 적이 있었습니다. 잠시 소강상태에 있던 배심제 논의는 일본에서 절대주의적 천황제를 완화하고 입헌주의로 나아가야 한다는 주장이 힘을 얻던 1920년대 이른바 '다이쇼 데모크라시' 시대에 다시 수면에 떠오르게 됩니다. 국민들이 완전히 정치적 결정권을 가져가는 민주주의로의 전환은 어렵지만 일단 생활과 밀접한 재판의 영역에서

라도 국민들의 참여를 제한적으로 열어서 사법제도에 대한 신뢰도 높이고 국민들에 법의식도 높이자는 정치적, 교육적 이유가 근거로 제시되었습니다. 결국 1928년 일본에도 배심제가 도입되었지만 제도 도입 과정에서 배심재판의 대상을 대폭 축소하고 피고인에게 배심 비용을 부담시키는 등 여러 장벽을 세웠고 법조인들도 이 제도를 경원시했기 때문에 유명무실하게 운영되다가 1943년에 제2차 세계대전이 격화되던 시점에 결국 이 제도를 폐지했습니다.

하지만 시간이 흘러 1990년대가 되자 일본의 사회분위기도 다시 달라졌습니다. 당시는 1960년대 이래로 계속 이어지던 일본의 호황이 80년대 버블을 정점으로 내리막으로 향하던 버블붕괴의 시기였고 이에 대해 무언가 대책을 마련해야 한다는 사회적 요구가 커졌습니다. 고이즈미 정부에서는 이런 불황의 근본적인 원인 가운데 하나가 관료 중심으로 전개되어온 일본의 경제, 사회 시스템 전반이 경직되어 민간의 에너지가 제한된 것에 있다고 보고 정부 차원에서 행정개혁과 규제완화의 흐름을 주도하게 됩니다. 하지만 일본 사람들답게 이런 규제완화가 가져올 부작용도 미리부터 걱정하기 시작합니다. 즉, 통제가 약해지면 민간에서의 갈등과 분쟁이 증가할텐데 이걸 해결할 대책을 마련해야하지 않겠는가 하는데 생각이 미친 것이지요. 그걸 해결하자고 다시 사법제도를 강화하는 것은 규제완화의 흐름에 역행하는 것이니 반대로 국민들이 사법제도에 참여해서 분쟁해결의 과정과 결과의 공정성에 대해 신뢰하도록 만들어야 한다는 결론에 도달하고 배심제를 다시 부활시키기로 합니다.

이를 위해 구상된 제도가 바로 '재판원제도'입니다. 1999년 설치된 '사법제도 개혁심의회'를 중심으로 논의가 시작된 이 제도는 우리나라의 국민참여재판제도나 미국의 배심원제와 다른, 훨씬 강화된 제도로 국민들이 제한적인 사실판단만 하는 것이 아니라 판사와 함께 유무죄도 결정하고 양형도 함께하는 시스템입니다. 게다가 대상 사건도 중범죄였고 예전의 배심제가 배심원들의 기피로 운영이 어려웠던 점을 반면교사로 삼아 재판원으로 선정된 사람은 특별한 사유가 없는 한 의무를 회피할 수 없도록 했습니다. 그런데 이 지점에서 일본의 '미리 걱정하기'는 한 걸음 더 나아갑니다. 어, 그런데 국민들이 이렇게 사법제도에 깊이 관여해서 판단을 할 법적 지식이나 능력이 있을까? 이 제도 자체의 의의나 중요성을 제대로 인식하고 참여해줄까?

　　그래서 '재판원법'이 공포된 2004년을 전후하여 일본에서는 법교육을 강화해야한다는 목소리가 높아지기 시작합니다. 법무성은 2003년 '법교육연구회'를 만들어 교재도 만들고 우리나라의 교육부에 해당하는 문부과학성과 협력하여 교육과정 개정, 교과서 수정작업도 합니다. 또한 '법테라스'라는 법교육 프로그램과 사이트도 운영합니다. 재판원제도의 주무기관이라 할 수 있는 최고재판소도 홈페이지, 교재발간, 영상물 제작, 간담회 등으로 법교육에 힘을 보탰고 일본변호사연합회도 출장강연, 교재와 프로그램자료 발간, 팜플렛 제작 등 다양한 활동을 하고 있습니다. 또한 '재판원넷', '재판원 경험자 네트워크', '시민의 사법' 등 민간단체의 활동도 활발한 편입니다.

　　이런 민간의 힘은 '꾸준함'입니다. 일본은 우리보다 1년 늦은

2009년부터 재판원제도의 본격시행에 들어갔지만 2024년 현재 아직 우리도 제도화하지 못하고 있는 재판원연령 18세 하향도 무리 없이 시행했고 이에 대응해서 청소년들에 대한 법교육도 계속 강화해 나가고 있습니다. 교육과정에서 선택과목의 통폐합 과정에 법 관련 내용이 크게 축소되고 정부기관의 관심도 낮아지면서 법교육 사업 전체가 주춤하고 있는 2024년 우리의 입장에서 곰곰이 되짚어봐야 할 부분이 아닌가 싶습니다.

독일에서 법률가가 아닌 일반인을 상대로 하는 법교육은 '정치교육'(Politische Bildung)이라는 용어 아래 정치, 경제, 역사 등 다른 사회과학의 내용들과 한데 묶여서 이루어지고 있습니다. 독일에서 이렇게 정치교육이 큰 중요성을 갖게 된 데에는 독일의 가장 큰 오점이라고 할 수 있는 제2차 세계대전 당시 나치의 문제에 대한 반성이 크게 작용했습니다. 즉, 독일이 또다시 그런 잘못된 판단을 하지 않으려면 국민 개개인의 민주주의에 대한 시민의식이 확립되어야 한다는 주장에 공감대가 형성된 것입니다. 그 결과 설립된 것이 '독일 연방정치교육원'(Bundeszentrale für politische Bildung, BpB)입니다. 1952년 설립된 이 기관은 각 정당의 공동관리로 운영되며 나치즘의 청산과 전체주의 방지, 그리고 민주 시민사회의 육성을 목적으로 제시하고 있습니다.

이 교육내용 가운데 법은 정치와 사법제도의 시스템을 이해하고 법치주의의 가치와 중요성을 전달하는 내용으로 정치교육의 핵심을 담당하고 있습니다. 연방정치교육원에서는 헌법 관련 소책자를 만들어서 국민들에게 배포하고 있고 법교육 관련 세미나나 심포지엄을 여는 경우도 종종 있습니다. 하지만 법교육이 독립적인 영역으로 다루어지기보다는 정치교육의 일부로만 인식되고 있기 때문에 법교육에 관련된 개별적인 프로그램들이 존재하지는 않습니다. 연방국가인 독일에서는 주마다 교육과정이나 제도가 다른데 니더작센주, 노르트라인 베스트팔렌주, 바이에른주 등에서 법교육 관련 교과들이 일부 포함되어 있습니다. 특히 노르트라인 베스트팔렌주에서는 중등학교에서 '법과 경제' 과목이 필수 교과로 지정되어 있습니다. 하지만 전반적으로 보면 학교 교육과정에서도 법 관련 내용은 정치교육과 융합된 형태로 제시되는 것이 일반적인 상황입니다.

자, 법교육의 역사여행이 재밌으셨나요? 앞서의 강의들이 여러분의 깊은 생각을 요구하는 것이었다면 이번 강의는 사실관계에 해당하는 내용들이 많이 나와서 좀 머리가 아프셨을 것 같은데 개별적인 내용들을 일일이 외울 필요는 없고 대략 법교육이 이런 흐름을 거쳐 오늘에 이르렀다는 사실을 이해하시는 것으로 충분할 것 같습니다. 다음 시간에는 법교육의 근본적인 목표, 법교육이 사람들의 마음에 심고 가꾸려고 하는 '법의식'이라는 것이 과연 무엇이며 어떻게 구성되는 것인지 살펴보도록 하겠습니다.

Chapter

05

법의식의 구성요소와
작동방식

LAW

1. 전근대적 법의식과 근대적 법의식

법교육의 목적은 뭘까요? 아유, 앞에서 네 시간에 걸쳐 말하고 또 말한 내용을 반복하네 하며 지겨워하시는군요. 네, 맞습니다. 민주 시민의 양성, 시민성의 함양 그리고 이를 위해 핵심이라고 할 수 있는 법의식의 형성이라고 말할 수 있겠죠. 그런데 우리는 늘 '근본적인 질문'을 빠트리는 실수를 저지르곤 합니다. '이렇게 말하는 건 내 자유야!'라고 말할 때 '자유가 뭔데?'라고 질문을 받으면 말문이 막히는 것과 비슷하죠. 마찬가지로 법교육의 목적에 대해서도 근본적이고 곤란한 질문을 해볼 수 있습니다. 법교육이 형성하려 한다는 '법의식'이라는게 도대체 뭐죠? 여기에 답할 수 없다면 무엇을, 어떻게 교육할지도 알 수 없으니 법교육은 그저 '왜 필요한가'라는 목적만 남은 추상적인 논의가 될 수밖에 없겠죠. 그러니 우리는 좀 머리가 아프고 복잡하더라도 이 질문을 집중적으로 파고들어볼 필요가 있습니다.

우선 염두에 둘 것은 법교육이 목표로 하는 '법의식'이 법학교육에서 흔히 말하는 '리걸 마인드'(legal mind)와는 성격이 다르다는 것입니다. 리걸 마인드는 법학의 눈으로 세상을 보라, 법조인처럼 생각을 하라는 뜻에 가깝습니다. 예를 들어볼까요. 제가 대학 시절 사법고시를 준비하던 친구들이 하던 농담 중에 이런 말이 있었습니다. 가을이 되어 나무에서 낙엽이 떨어지는 것을 보면 전공별로 하는 생각들이 다 다르다구요. 국문과나 철학과 학생들은 '아, 또 하나의 죽음이 세상으로 내려오는구나'라고 생각하고 생물학과 학생이라면 '나무가 겨울에 대비하기 위해 잎맥을 차단했군'이라고 생각하는데 법대 학생들은 '이야, 부동산이 동산이 되었네'라고 생각한다더군요. 법적으로 보자면 토지와 그 정착물은 부동산으로 간주되는데 그래서 나무는 부동산으로 취급되고 거기에 나뭇잎이 매달려 있는 동안은 부동산일 수 있지만 나무에서 떨어지는 순간 동산으로 법적인 개념이 달라진다는 말이죠. 이 농담은 세상을 법이라는 필터를 통해서 바라본다는 것이 어떤 것인지를 잘 보여줍니다. 사실 변호사라면 사건 혹은 의뢰인이 쏟아놓는 하소연을 법적인 관점에서 분석하고 파악하는 마인드를 갖추는 것이 가장 기본적인 자질일 것이고 이게 바로 '리걸 마인드'입니다.

물론 일반인들도 법교육을 통해 필요에 따라 이런 법적 관점에서 사물을 분석하는 능력을 갖추는 것은 중요한 일일 것입니다. 하지만 우선순위로 따지자면 이런 분석능력을 갖는 것이 시민교육으로서 법교육의 우선적이고 궁극적인 목표라고 말하기는 어려울 것입니다. 그보다는 민주사회에 필요한 법에 대한 이해와 관점, 가치관 그리고 태도를 갖추도록 하는 것이 중요하겠지요. 그런데 '민주사회에 필요한 법적 가치관'이라고 하면 매우 추상적이고 모호하게 들리는 것이 사실입니다. 이 부분을 우리가 앞선 강의에서 설명한 민주주의의 등장과정, 즉 그 계기가 된 산업혁명과 시민혁명을 기점으로 그 이전의 시점인 전근대 사회와 그 이후의 시점인 근대 민주사회에서 요구되는 시민의 자질이 어떻게 달라졌는지를 바탕으로 크게 나누어보면 그 차이점이 보다 명확해지지 않을까 싶습니다.

앞선 강의에서 법이 가지고 있는 이중적 성격을 설명하면서 통치를 효율화하는 역할을 할 수도 있고 권력을 견제하는 역할을 할 수도 있다, 그런데 권력을 견제하는 역할은 시민들이 권력의 주체로 부상한 근대 이후에 가능해진 일이고 이를 통해 민주주의가 탄생하게 되었다는 말씀을 드린 적이 있습니다. 따라서 근대 이전 법이 담당했던 주된 역할은 사회를 체계적으로 조직하고 중앙집중적인 권력을 가능케 하여 더 큰 범위의 국가를 더 질서정연하게 통치하는데 도움을 주는 '법을 도구로 한 통치'였다고 할 수 있습니다. 법이 도구로서 기능하려면 당연히 국민들이 법의 존재와 힘을 인식하고 이에 따르려는 생각을 갖도록 해야겠지요. 그렇다면 이를 위해 필요했던 법의식은 어떤 내용을 담고 있어야 했을까요? 통치자의 입장에서는 국민들이 어떤 법의식을 갖길 원했을까요?

우선 법은 무척 힘이 센 것이고 무조건 지켜야 하는 것이라는 생각을 가져야 했겠죠. 그러려면 법이 왕이나 귀족 같은 인간이 만든 것이 아니라 신이 어떤 초자연적인 존재에 의해 만들어진 신성한 것이라는 인식을 심는 것이 필요했을 것입니다. 함무라비 법전이 새겨져 있는 돌기둥의 상단부에는 두 사람의 모습이 새겨져 있습니다. 한 사람은 화려한 의자에 앉아서 뭔가를 건네주고 있고 다른 사람은 서서 손을 들어 감사의 표시를 하며 그걸 받는 모습이죠. 얼핏 생각하면 함무라비 왕이 만든 법전이니 의자에 앉아있는 사람이 함무라비 왕일 것 같지만 사실은 반대로 서있는 사람이 함무라비 왕입니다. 그럼 앉아있는 사람은 누구일까요? 당시 바빌로니아 사람들이 믿던 태양신 샤마슈입니다. 샤마슈가 건네고 있는 지팡이와 고리는 지도자의 권위의 상징이지요. 즉, 이 조각이 상징하는 바는 아래에 적혀있는 282조의 함무라비 법전은 인간인 함무라비 왕이 만든 것이 아니라 샤마슈 신으로부터 권위를 부여받아 만들어진 '신의 목소리'라는 것입니다. 절대왕정 시대에 왕의 정통성의 근거로 내세웠던 '왕권신수설', 즉 왕의 권위는 신으로부터 받은 것이라는 고전적 관념을 그대로 보여주는 장면입니다. 따지고 보면 성경에서 모세가 산에 올라가 하느님으로부터 받았다고 말하며 가져온 '십계'라는 절대적인 계율도 '신으로부터 내려온 초월적인 법'이라는 관념을 보여주는 대표적인 사례라고 할 수 있습니다.

즉, 법은 '위로부터' 내리꽂히는 것이니 백성들의 입장에서 할 일은 그것을 그대로 지키는 것이지 잘못된 법이 있다고 해서 문제를 제기하는 것이나 새로운 법을 만들자고 주장하는 것은 본분에 어긋나는 일입니다. 기본적으로 수동적이고 순응적인 태도를 취하게 되는 것이지요. 만약 법에 어긋나는 일을 하게 되면 어떻게 될까요? 필연적으로 그에 따른 처벌을 받게 되는데 이 또한 인간인 법집행자는 처벌을 대행하는 것일 뿐이고 처벌 자체는 초자연적인 당위성에 의해 주어지는 것이라는 관념이 생겨나게 됩니다. 이른바 '천벌'이죠. '벼락맞을 놈'이라는 말도 있고 고대 그리스의 철학자들은 자연법에 어긋나는 삶을 살면 '화'(moira)를 입게 된다고 말하기도 했습니다. 이렇게 하는 것이 지배자들의 입장에서는 처벌받는 사람들로부터 받게 될 원망을 줄이는, 마키아벨리의 표현을 빌자면 '내 손에 피를 묻히지 않는' 방법일 수 있었을 것입니다. 사람들에게 이런 의식을 심어주려면 지속적으로 '법을 지키지 않으면 벌 받는다', '법은 무서운 것이다'라는 관념을 강조했을 것입니다. 결국은 '준법교육'이라는 영역으로 법교육은 축소되었겠지요.

이렇게 법에 대해 절대적, 초월적인 것이고 나는 그 수동적인 대상일 뿐이며 법을 지키지 않으면 처벌을 받는다는 법의 강제성에 대한 인식을 강조하는 법의식을 '전근대적 법의식'이라고 부릅니다. 예전에 초등학생들을 대상으로 '법이라는 말을 들으면 떠오르는 이미지를 찰흙으로 만들거나 그림으로 그려보기' 수업을 한 적이 있습니다. 그런데 놀랍게도 대부분의 학생들이 수갑, 감옥, 경찰봉 등 강제와 처벌에 관련된 대상들을 묘사했습니다. 법에 관련된 우리 사회에서의 일반적인 관념은 아직도 전근대적 법의식 수준에 머무르고 있는 것은 아닌지 돌아보게 만드는 에피소드입니다.

민주주의의 단계에 들어선 근대 사회에서 필요한 법의식은 여기서 한걸음 더 나아가야 합니다. 물론 법을 중요한 규범으로 여기고 지키려는 태도는 기본이 되어야겠지요. 하지만 기본적으로 법의 주인은 나 자신이고, 나와 우리 공동체의 삶을 지키고 향상시키기 위해 법이 기능해야 하며, 이것을 내가 스스로 만든 규칙이자 일종의 사회계약으로 받아들여야 합니다. 따라서 만약 필요하다면 법은 바뀌거나 폐지될 수 있고 이 과정에서 내가 법에 관심을 갖고 사법절차에 적극적으로 참여해야 한다는 의지를 가져야 하겠지요. 국민들이 이런 법의식을 가질 때라야 비로소 '권력을 견제하는 법의 역할'이 제대로 기능하면서 '법치를 통한 민주주의'가 가능해질 것입니다. 이런 법의식을 '근대적 법의식'이라고 부를 수 있을 것입니다. 그렇다면 법교육의 목적은 시민들이 지니고 있는 전근대적 법의식의 요소들을 극복하고 근대적 법의식을 갖추고 키워나갈 수 있도록 돕는 것이라고 할 수 있겠죠.

2. 법의식의 세 가지 요소

그렇다면 이런 변화는 어떻게 가능할까요? 이 부분은 이야기하려면 법의식이 어떤 요소들로 구성되어 어떻게 작동하는지를 먼저 살펴보아야 할 것입니다. 문제는 '법의식'이라는 말 자체가 학문적으로는 매우 모호하다는 점입니다. 만약 영어로 법의식을 번역한다면 어떤 용어를 써야 좋을까요? 'spirit'이라고 번역하면 정신, 혼이라는 뜻이 되니 일상적인 것이 아니라 뭔가 대단한 의지를 담고 있는 대상을 지칭하는 것 같고, 'belief'라고 하면 그냥 법에 대한 믿음, 신뢰만을 말하는 것이니 법의식의 여러 양상 중 한 가지만을 지칭하는 것처럼 보입니다. '의식'을 그대로 번역하면 'awareness'가 될텐데 이건 멍하니 음악을 듣고 있다가 창문으로 새 한 마리가 뛰어들어오면 '어, 새가 들어왔네'라고 존재를 '의식'하는 것, 그러니까 정신작용의 특정한 순간이나 부분만을 가리키는 일종의 '각성'에 가까운 것으로 법에 대한 '일상적인 사고의 구조'로 통용되는 '법의식'이라는 말과는 거리가 있어 보입니다.

그런데 이 마지막 문장에 힌트가 하나 숨어 있습니다. 결국 우리가 '법의식'이라고 부르는 것은 법에 '대해' 우리가 일상적으로 갖고 있는 생각을 의미합니다. 심리학에서는 이렇게 어떤 대상에 대해 갖는 생각과 행동의 구조를 '태도'(attitude)라고 부릅니다. 즉, '법의식'은 '법태도'라는 관점에서 체계적으로 들여다볼 수 있을 것입니다. '태도'는 행동의 원인이 되는 사고구조를 가리키는 것으로 사회심리학에서 주로 다루어져 왔습니다. 태도에 관한 정의는 여러 학자들이 내리고 있지만 그중 가장 유명한 것은 올포트(Allport)라는 학자가 '태도는 어떤 사람 혹은 물건에 대하여 특정한 방식으로 생각하고 느끼고 행동하려는 학습된 성향'이라고 정의했습니다. 이 정의에 담겨있는 몇 가지 중요한 부분들을 짚어보겠습니다.

우선 '학습된'이라는 말은 태도가 생득적으로 타고나는 것이 아니라 후천적, 사회적으로 구축되는 것임을 보여줍니다. 또한 '성향'은 영어로 'Predisposition', 즉 '미리 만들어진 자세'입니다. 이는 태도가 일단 형성되면 사람들에게 세상을 바라보고 해석하는 창문이자 사고틀로 작동한다는 것을 말합니다. 결국 이런 인식은 최종적으로 '행동'에 영향을 미치게 됩니다.

올포트는 이런 태도의 구체적인 요소로 인지(cognition), 정서(affection), 행동(behavior)의 세 가지를 들었기 때문에 이 모형을 '태도의 삼자 모형' 혹은 각 요소의 이니셜을 따서 '태도의 ABC 모형'이라고 부릅니다.

'인지'는 쉽게 설명드리면 '지식'에 해당하는 부분입니다. 우리가 무언가에 대해 생각을 하려면 우선적으로 그 대상을 알아야겠지요? 법에 관련된 인지의 영역은 법 자체에 대한 지식, 우리 사회에서 어떤 행동이 법적으로 정당하거나 부당한 것으로 규정되고 있는지에 대한 지식, 법의 사회적 기능과 절차에 대한 지식 등이 없다면 우리는 법에 대해 생각하는 것 자체가 불가능할 것입니다.

'정서'는 감정적인 영역으로 주로 호불호, 그러니까 좋아하거나 싫어하는 감정을 말합니다. 인지된 대상에 대한 긍정적 혹은 부정적 평가에 관한 내용이므로 '평가적 영역'이라고 부르기도 합니다. 법에 관해서도 이런 호불호가 있을 수 있는데 더 나아가 법을 중요하다고 느끼는가, 친밀하다고 느끼는가, 법이 타당하고 공정하다고 느끼는가, 법이 우리의 권리를 잘 보장해주고 있다고 느끼는가, 내가 법에 따르고 관심을 가져야한다는 시민으로서의 의무감을 느끼는가 등등이 법의식과 관련된 정서적 영역이라고 할 수 있습니다.

'행동'은 얼핏 생각하면 말 그대로 내가 어떤 행위를 하는 것으로 생각하기 쉬운데 지금 우리가 이야기하고 있는 것이 태도 혹은 의식에 관한 문제에 국한되어 있다는 것을 주의할 필요가 있습니다. 즉, 법의식에서 행동은 행동 그 자체를 가리키는 개념일 수는 없고 '행동하려는 의지'로 제한하여 보아야 할 것입니다. 내가 법에 따라서 행동하려는 의지를 갖고 있는가, 법적 절차를 적극적으로 활용하고 참여하려는 의향을 가지고 있는가, 만약 법에 문제가 있다면 이를 바로잡기 위한 주체적인 행위를 할 의도가 있는가 등이 법의식의 행동적 영역이라고 할 수 있습니다.

예를 들어 이 세 가지 요소를 설명해보겠습니다. '절도'라는 대상이 있을 때 이에 관련된 법의식의 인지적 요소는 절도가 '타인의 물건이나 재산을 허락 없이 가져가는 것'을 의미한다는 것을 알고 어떤 사람이 그런 행동을 했을 때 이것이 '절도'에 해당한다고 인식하는 것, 그리고 그것이 현행법을 위반하는 행위라는 것을 아는 것 등입니다. 정서적 차원에서는 이런 절도 행위에 대해 거부감이나 혐오감을 가지고, 나쁜 행위라고 판단하는 요소 등이 포함될 수 있으며 행동적 차원에서는 절도 행위를 경찰에 신고하거나, 사람들이 이런 행위를 하지 못하도록 막아야겠다는 의지를 갖는 것 등이 있을 수 있습니다.

　　그런데 자세히 살펴보면 이 세 요소는 완전히 동떨어져 있는 것이 아닙니다. 일단 인지적 요소와 정서적 요소는 거의 달라붙어있다시피 합니다. 어떤 행위를 '도둑질!'이라고 인식하는 것은 그 자체로 부정적 평가를 수반할 수밖에 없지 않겠습니까? 반대로 '도둑질은 나쁜 일'이라는 정서적 평가는 도둑질이 법을 어기는 행위라는 지식을 바탕으로 하지 않고는 불가능한 일이기도 합니다. 그래서 법에 대해 많이 아는 것은 법에 대한 정서적 평가를 끌어올릴 수도 있고, 반대로 법을 좋아하면 법에 대해 많이 알고 싶어지기도 합니다. 여러분도 학교에 다닐 때 수학 선생님이 좋으면 수학 성적도 올라가는 경험을 해보시지 않았나요? 반대로 내가 영어 성적이 좋다면 꽤 높은 확률로 영어 선생님을 좋아하게 되기도 하죠. 이건 닭이 먼저인가 달걀이 먼저인가와 비슷한 순환관계의 문제인 것입니다. 뒤에 다루게 될 문제이긴 하지만 법교육의 교수학습법에서도 이와 같은 법의식의 요소간 관계를 잘 고려할 필요가 있습니다. 우리는 흔히 법교육이 법에 관련된 내용을 가르치는 것이라고만 생각하기 쉬운데 그 과정에서 쉽게 간과되는 것이 정서적 영역입니다. 지식만을 강조하다가 오히려 법이 어렵고 복잡하고 지루한 것이라는 '정서적 태도'를 갖게 된다면 그건 실패한 법교육일 것입니다. 오히려 법에 대해 더 친근하게 느끼고 흥미를 갖고 재미를 붙이게 만들면 지식은 학생 스스로 발전시켜나갈 수도 있다는 것이죠.

사실 인지, 정서라는 두 가지 요소보다 더 어려운 것은 행동적 요소입니다. 우리도 흔히 주변에서 '아유, 세상이 정말 왜 이렇게 엉망이야'라고 말하는 사람들은 많아도 이런 상황을 더 낫게 만들기 위해 작은 일이라도 무언가 행동하고 실천하는 사람은 찾기가 쉽지 않잖아요. 어떤 법적 내용을 알고, 이에 대해 호감을 갖는다 하더라도 이에 따라 행동할 의지를 갖도록 하는 것은 쉽지 않습니다. 예를 들어 법의식의 행동적 요소 중 하나로 흔히 언급되는 것이 '법적 효능감'인데 '효능감'은 '내가 어떤 일을 할 수 있다는 느낌'입니다. 좀 더 세분화해서 보자면 '내적 효능감'은 나 자신에게 어떤 일을 할 수 있는 능력이 있다는 확신이고, '외적 효능감'은 내가 그렇게 행동하면 실제로 나의 바깥이라고 할 수 있는 주변 환경에 변화를 주거나 반응을 이끌어 낼 수 있을 것이라고 기대하는 마음입니다. 법을 좋아하고 어느 정도 지식을 갖춘 경우라도 법적 절차에 참여하거나 문제를 제기하는 행동을 해야 할 상황이 닥치면 '내가 알면 얼마나 안다고 이런 일을 할 수 있겠어?'라고 위축되거나 '어차피 내가 애써도 상황은 바뀌지 않을 거야'라고 지레 포기하는 경우가 많지 않나요? 그래서 법교육의 과정에서는 특별한 관심과 노력으로 인지와 정서적 요소가 장벽을 넘어 행동적 요소로, 더 나아가 진짜 행동으로 연결될 수 있도록 세심하게 계획할 필요가 있습니다.

3. 법의식의 형성과 변화

그렇다면 법의식, 올포트의 개념을 적용하자면 '법태도'는 어떻게 형성되는 것일까요? 태도 형성의 계기가 되는 일들을 심리학에서는 '조건화'라고 부르는데 크게 보자면 고전적 조건화, 도구적 조건화, 관찰 학습의 세 가지 종류로 나누어 볼 수 있습니다.

'고전적 조건화'는 '자극-반응 학습'이라고 정리할 수 있습니다. 예를 들어 검은 색과 흰 색으로 이루어진 타일에 검은 색 타일에만 전기가 흐르도록 하고 쥐를 올려놓으면 쥐가 검은 색 타일을 밟았다가 감전되는 경험을 반복하면서 자연스럽게 흰색 타일만 밟는 식으로 행동을 취하게 되겠죠? 이런 앞서의 도구적 조건화가 옳고 그름에 대한 이유나 설명이 필요한 반면 고전적 조건화는 특별한 옳고 그름이 없는 '중성자극'에 대해 특정 반응이 결합되는 것이기 때문에 강화가 이루어질 기본적인 정보나 행동원칙조차 모르는 초기단계의 태도 형성에 도움이 되는 방식입니다.

'도구적 조건화'는 '강화학습'이라고 바꾸어 말할 수도 있습니다.

어떤 행동이나 태도에 대해 잘한다고 상을 받거나(긍정적 강화) 반대로 그러면 안 된다고 처벌을 받으면(부정적 강화) 특정한 태도가 형성된다는 것이지요. 예를 들어 웃어른을 만났을 때 인사를 잘한다고 칭찬을 받거나 반대로 버릇없이 말한다고 야단을 맞는 경험을 반복하다보면 '어른에 대한 태도'가 만들어지는 것처럼요. 우리가 주변에서 흔히 볼 수 있는 교육의 방법이기도 한데 방법이 직관적이고 효과가 비교적 확실하다는 점에서 선호되긴 하지만 문제점도 있습니다. 인사 잘한다고 상으로 사탕을 주다보면 인사의 목적이 존중이 아니라 사탕으로 변질된다든가 심지어 사탕을 더 이상 주지 않으면 인사하는 것을 싫어하게 될 수도 있지 않겠습니까?

하지만 이 두 가지 방식은 모두 개별적인 행동, 특정한 단일 태도를 대상으로 하고 있다는 점에서 한계가 있습니다. 예를 들어 농구에서 슛을 던지는 자세를 배운다고 가정해봅시다. 농구의 슛은 공을 쥐는 방식, 팔을 뻗는 각도, 시선의 처리, 허리의 움직임, 다리의 자세 등등 수많은 요소들이 복합적으로 동시에 움직여서 이루어지는 일인데 이걸 하나하나 긍정적 강화와 부정적 강화 혹은 자극과 반응의 방식으로 이 요소들을 하나하나 만들어나가는 것은 얼마나 힘든 일일까요? 아니, 가능한 일이긴 할까요? 그렇다면 청소년들이 처음 농구의 슛 동작을 배울 땐 어떤 방식으로 배우게 되는 걸까요? 일반적으로는 다른 사람이 하는 모습을 보고 흉내 내는 것에서 시작됩니다. 어떤 동작을 왜 취하는지 당장 알 수는 없어도 일단 그 사람이 하는대로 무릎을 구부리고, 발을 넓혀서 자세를 잡고, 두 손으로 공을 잡고 던지는 연습을 하는거죠. 대개의 경우 복합적이고 다양한 태도의 형성은, 특히 기본적인 태도가 형성되는 초기단계에서는 이런 '관찰학습', 타인을 관찰하고 이것을 흉내 내면서 따라하는 것이 큰 영향을 미칩니다.

아이들이 성장하는 과정에서 말하는 습관이나 몸짓, 좋은 것과 싫은 것은 대개 부모의 행동이나 태도를 따라하면서 자신의 것으로 습득되는 경우가 많습니다. 또 주변에서 다른 사람이 어떤 행동으로 보상을 받거나 처벌을 받는 것을 보면서 자신의 행동을 조정하기도 하죠. 형제 간에 태도의 유사성이 나타나는 이유를 설명할 때는 DNA 차원으로만 설명하기보다는 형제 간의 물리적 근접성 때문에 관찰이 수시로 이루어지기 때문으로 설명할 수도 있죠. 또한 조금 더 나이가 들어 접촉의 범위가 넓어지게 되면 학교에서 만나는 선생님이나 선배, 매체를 통해 접하는 연예인이나 유명인사, 위인 등 인격적 역할모델들에 포괄적인 영향을 받기도 합니다. 특히 나이가 들어갈수록 태도를 정립해야 하는 대상과 범위가 다양해지고 이에 대해 일일이 자극−반응을 통해 태도를 만들어가는 것은 어려우며 기존의 권위나 규칙을 거부하는 주변인적 성격이 강해지는 청소년기에 이런 강화와 자극이 그리 효과적이지 않다는 점을 생각해보면 주위에 적절한 역할모델이 존재하는 것은 매우 중요한 의미를 띠는 일입니다.

법교육의 차원에서 이 세 가지 방식이 갖는 의미를 생각해봅시다. 고전적 조건화는 우리가 규범을 처음 가르칠 때 흔히 택하는 방식입니다. 그런 행동을 하면 안 된다, 이렇게 말하면 혼날 거다, 저렇게 행동해야 착한 사람이다 등등 삶의 세부 영역들에 해도 되거나 해야 하는 행동의 파란색과 하면 안 되는 행동의 빨간색이 덧칠해지면서 일종의 행위코드가 형성되죠. 하지만 생각해보면 의사소통이 되고 아이들이 어느 정도 이성적 능력을 갖추게 된 뒤에도 이런 중성자극, '왜?'를 설명하지 않는 코드 설정은 꽤 오래 이어집니다. 그건 혹시 교육을 담당하는 어른의 귀찮음, 게으름 때문이 아닌지 반성해볼 필요가 있습니다.

　도구적 조건화는 앞서 한계를 지적한 바와 같이 강화의 방식으로 선택되는 보상과 처벌이 그 자체로 목적이 될 가능성을 경계할 필요가 있습니다. 특히 규범 교육의 차원에서는 보상은 거의 없고 처벌을 중심으로 이루어지게 될 가능성이 있는데 이는 당장 규범을 준수하는 강제력을 발휘하는 효과는 있을지 몰라도 장기적으로는 규범에 대해 거부감을 갖고 자신의 외부에서 통제를 가하려고 하는 분리된 존재로 인식하게 만들어 법에 대한 주체적 인식의 형성을 방해할 가능성이 높습니다. 사실 초중고 현장에서 법교육을 하시는 분들의 경우 이 처벌의 요소를 너무 강조하시는 경우가 많습니다. 학교 폭력을 저지르면 징역 몇 년! 그러니까 절대로 이런 짓 하지 마, 이런 식의 교육방식이죠. 보상과 처벌을 '당근과 채찍'이라고도 하는데 당근이 과하면 말이 달릴 생각을 하지 않게 되고, 채찍이 과하면 말이 달리는 것 자체를 두려워하게 될 수도 있다는 점을 주의할 필요가 있습니다.

　관찰학습은 여러 복합적인 태도를 한꺼번에 습득시킬 수 있다는 점에서 매력적이지만 교육을 '인간 행동의 의도된 변화'로 본다면 '의도의 반영'이 어렵다는 점에서 법교육의 방식으로 한계를 지닙니다. 학생이 참고할만한 역할 모델을 의도적으로 제시하는 것도 어렵고, 그걸 학생이 반드시 참고한다는 보장도 없으며, 대상의 입체적인 여러 면모 가운데 어떤 것을 어떻게 자신의 것으로 받아들이게 될지도 알 수 없습니다. 게다가 다수의 학생들을 대상으로 하는 교육의 특성까지 고려한다면 각자의 해석, 접근 방식, 성취의 수준이 모두 제각각이 될 수밖에 없다는 점은 교육수단으로서는 심각한 한계라고 볼 수 있죠.

결국 이런 '조건화'를 통한 법교육들은 전체적으로 보자면 학생들에게 규범 자체를 교육하는 것이 아니라 규범에 따르는 삶의 태도를 그대로 습득하도록 하는 특성을 가지고 있다고 할 수 있습니다. 물론 의사소통이 불완전하거나 이성적 능력, 복잡한 사회규범의 성격을 이해하기 힘든 단계에서는 이런 교육들이 나름의 의미를 지니고 있습니다. 하지만 규범에 관한 교육이 기본적으로 강제성을 부과하는 성격을 지니고 있다는 점을 고려해보면 가능한 한 빠른 시기에 무의식적인 코드의 습득교육은 이성적인 대화와 설득의 방식으로, 체계적인 교수학습의 모형으로 전환될 필요가 있습니다.

다음 시간에는 본격적으로 법교육에서 효과적으로 활용될 수 있는 교수학습법이나 교육프로그램에는 어떤 것들이 있는지 살펴보도록 합시다.

Chapter

06

법교육의 교수학습법과 프로그램

LAW

이 강의 시리즈의 목표가 '법교육이란 무엇인가?'였으니 법교육의 개념과 정의, 역사, 법의식 문제까지 얘기했으면 다된 게 아닌가 싶기도 한데 만약 법교육을 완전히 처음 접하시는 분들이라면 실제로 법교육이 어떻게 이루어지는지, 법교육만이 지니고 있는 특색 있는 교수학습법이나 프로그램은 어떤 것들이 있는지 궁금해 하실 것 같습니다. 그래서 이번 시간에는 법교육을 대표하는 교수학습법 몇 가지를 소개해드릴까 합니다. 다만 이 부분은 모형이나 프로그램의 종류도 많고 실제로 이런 방식으로 수업을 하기 위해서는 알아야할 절차나 이론들도 많기 때문에 좀 더 깊게 알고 싶거나 실제로 이 수업들을 해보고 싶은 분들은 세가 전에 집필했던 '법교육 교수학습방법론 강의'라는 책을 읽어보시면 좋을 것 같습니다.

1. 모의재판

법교육을 잘 모르는 사람들도 '법교육'이라는 말을 들으면 아마 제일 먼저 떠올릴 교육의 장면은 학생들이 법관 흉내를 내며 대화를 주고받는 '모의재판'이 아닐까 싶습니다. 사실 모의재판은 원래 법조인을 양성하는 법학 교육의 차원에서 중요하게 사용되었던 교수학습법이었습니다. 지난 번 강의에서 여러 요소들이 복합적으로 관련되어 있는 태도를 학습할 때 효과적인 방법이 '관찰학습'이라는 말씀을 드렸던 걸 기억하시나요? 이걸 그저 구경하는 것에서 그치지 않고 직접 흉내 내기를 해보는 것까지 나아가는 것을 '시뮬레이션'이라고 하는데 법교육에서 재판을 시뮬레이션 하는 것, 법관의 흉내를 내면서 법관처럼 생각하고 행동하도록 유도하는 방법이 바로 '모의재판'이라고 할 수 있습니다.

그런데 법교육의 차원에서 좀 더 세밀하게 들여다보면 모의재판에는 두 가지 차원의 서로 다른 양상이 존재할 수 있습니다. 첫 번째는 말 그대로 법관의 행동과 말투, 재판에서의 절차를 연극처럼 따라

하는 것입니다. 사람의 말소리를 따라하는 앵무새를 '모킹 버드' (Mocking Bird)라고 하는 것처럼 이렇게 흉내 내기 식의 모의재판을 'Mock Trial'이라는 용어로 부릅니다. 이런 흉내 내기 재판은 어떤 효과가 있을까요? 일단 재밌습니다. 농담처럼 들리시겠지만 어린 아이나 청소년들을 대상으로 한 법교육에서 '재미'는 매우 중요한 요소입니다. 판사나 검사의 옷을 입고, 법봉을 땅땅땅 휘두르며 판결을 내리는 흉내를 내는 것은 학생들이 서로 해보고 싶어서 다투는 역할입니다. 그래서 우리나라의 솔로몬 로파크처럼 법 관련 박물관에 가면 법복을 입고 사진을 찍는 코너가 가족 단위 관람객들에게 가장 인기 있는 섹션이기도 하죠.

하지만 법교육의 수단으로서 모의재판을 활용한다면 그 목적이 무엇인지에 좀 더 주의를 기울일 필요가 있습니다. 학생들이 재판흉내 내기를 하는 것은 어떤 교육적인 의의가 있을까요? 일단 법조인을 양성하는 법학 교육의 차원에서는 이런 것이 실무적으로 매우 중요할 수 있습니다. 법조인처럼 말하고, 행동하고, 재판의 세세한 절차와 그 과정에서 자신이 취할 행동을 학습할 수 있을테니까요. 하지만 일반인, 학생을 대상으로 한 시민교육 차원에서 모의재판을 통해 굳이 법조인처럼 행동하는 것을 배우는 것이나 절차를 숙지하는 것은 별다른 의미가 없을 것입니다. 다만 학생들이 법과 재판에 대해 흥미를 갖고 친숙하게 느끼도록 하는 정도의 효과는 있겠죠. 그래서 이런 흉내 내기식 모의재판은 법교육의 초기 단계에서 활용되는 것이 적절할 것입니다.

모의재판의 두 번째 양상은 토론 수업의 방법으로 활용하는 것입니다. 법학 교육에서는 '전문가들이 모여 토론하는 것'이라는 뜻을 지닌 'moot'라는 용어를 써서 이런 모의 토론을 'Moot Court'라고 부릅니다. 즉, 정식 재판의 거추장스러운 복장이나 절차 같은 것은 생략하고 하나의 사건을 중심으로 각자 판사, 검사, 변호사의 역할을 맡아 토론을 벌이는 수업이죠. 사실 법학 교육에서는 대등한 입장에서 주장을 펼치는 변호사와 변호사의 대결, 즉 민사 사건을 다룰 때 더 많이 사용되는 방식이긴 합니다만. 법교육에서도 이런 역할놀이의 방식으로 모의재판이 효과적으로 활용될 수 있습니다. 심지어 그 대상이 반드시 형사나 민사 사건일 필요도 없죠. 장애인의 고용을 늘리기 위해 국가에서 할당제를 실시하는 것이 옳은가 그른가를 놓고 양쪽 입장으로 나누어 토론을 할 때 재판처럼 발언순서를 번갈아가면서 토론을 하고 선생님이나 다른 학생들이 판사의 역할을 맡아 진행과 판결을 하도록 하는 방식도 얼마든지 가능하죠. 다만 이렇게 토론을 하려면 아무래도 해당 쟁점에 대한 이해가 어느 정도 있고 그에 관해 주장을 펼칠 수 있는 능력도 있어야 하기 때문에 중고등학생 정도의 수준에서 이런 모의재판이 효과적으로 활용될 수 있을 것입니다.

실제로 모의재판 수업을 해보면 학생들의 흥미와 열의가 대단히 높아서 아주 재밌는 수업이 만들어집니다. 그저 작은 법망치 하나만 가지고도 근엄한 판사 흉내를 내며 진지하게 토론에 임하는 모습을 볼 수 있죠. 하지만 학교 현장에서 모의재판 수업을 할 때 의외로 문제가 되는 부분은 참여할 수 있는 학생의 숫자가 생각보다 적다는 것입니다. 한 학급의 학생 수가 통상 20명 이상이라는 점을 고려하면 판사에 3명, 검사와 변호사에 각각 최대 4~5명씩을 배치한다 해도 나머지 절반 가까운 학생들은 그지 구경만 하는 입장에 놓이게 되죠. 그래서 저는 모의재판 수업을 하려는 분들에게 가능하면 배심원 제도를 결합해서 운영해보시라고 권하곤 합니다. 즉, 나머지 10명 내외의 학생들이 배심원이 되는 거죠.

배심원은 양쪽의 주장을 듣고 주요한 사항들을 배심원용 워크시트에 기록하면서 공부도 하고, 궁금한 부분은 질문도 한 후 배심원 회의를 통해 내부적으로도 별도의 토론을 거칩니다. 그 과정에서 이 학생들과 모의재판에 몰입하면서 공부를 하게 되고 최종적으로 배심원단의 판단에 의해 누가 더 토론을 잘했는지가 결정되기 때문에 선생님의 부담도 많이 줄어드는 여러 가지 효과가 있죠. 법교육의 매력을 제대로 느낄 수 있는 아주 좋은 교수학습법이니 혹시 기회가 되신다면 학생들과 함께 모의재판 수업을 꼭 시도해보시길 바래요.

2. 교육연극

    법교육이 지니는 또 하나의 특징은 그 과정에서 단순히 법조항만을 건조하게 학습하는 것이 아니라 이와 관련된 사건들도 접하게 되는데 재판에까지 이어지는 여러 사건들이 인간이 살아가면서 겪을 수 있는 가장 극적인 드라마의 형태를 띠고 있다는 점일 것입니다. 학생들이 법교육 과정에서 실제 사건 혹은 판례가 소개될 때 큰 흥미를 보이는 이유도 바로 이런 극적인 요소에서 자신의 감정을 이입할 여지가 높기 때문이 아닌가 싶습니다. 그런 차원에서 보자면 아예 '연극'을 통해 법교육을 하는 것은 어떨까 하는 생각도 할 수 있지 않겠습니까? 그래서 '교육연극'이라는 교수학습법을 통해 법교육을 시도하는 경우도 있습니다. 사실 따지고 보면 앞서 다룬 모의재판도 재판흉내내기, 재판을 연극하는 것이니 교육연극의 일종이라고 할 수 있을 것입니다. 하지만 모의재판 이외에도 다양한 방식으로 교육연극은 법교육에 활용될 수 있습니다.

    교육연극이 법교육에 효과적으로 활용될 수 있는 이유는 크게 세

가지, 현장성과 상호성 그리고 현실의 재구성이라는 측면에서 생각해 볼 수 있습니다. 요즘 디지털 매체들이 발전하면서 교육용 동영상, 참고자료들이 수업에 활용되는 경우는 매우 흔해졌습니다. 하지만 실제로 사람들이 눈앞에서 벌이는 연극은 이런 동영상이 대체할 수 없는 고유한 힘을 가지고 있습니다. 내 눈 앞에서, 바로 지금, 내가 연기자들의 호흡과 눈빛을 느끼며 같은 공간에서 함께 존재하는 가운데 벌어지는 연극은 보는 이의 집중력을 크게 끌어올리며 내용에 더 집중하고 특히 '공감'하는데 도움을 줍니다. 이런 연극의 특성을 '현장성'이라고 할 수 있습니다. 이런 연극의 현장성은 두 번째 특징인 '상호성'으로 이어집니다. 연극은 바로 지금 눈앞에서 벌어지고 있는 사건이기 때문에 무대와 관객이 완전히 분리되어 있지 않고 서로 넘나드는 것이 가능해집니다. 예를 들어 법교육의 경우라면 무대에서 사건을 보여주다가 갑자기 관객을 지목해서 '이 문제에 대해서 어떻게 생각하세요?'라고 묻는다거나 아예 관객들을 무대 위로 불러올려 함께 연극에 참여하도록 하고 반대로 연기자들이 관객석으로 내려가서 토론을 하는 일도 가능한 것입니다. 이렇게 교육연극은 연기자가 관객과 수업을 하는 역할도 하기 때문에 '배우-교사'(Actor-Teacher)라고 부르기도 합니다. 또한 연극은 관객들에게 현실을 재구성해서 인식하게 만드는 효과도 있습니다. 우리가 현실에서 부닥치는 문제나 사건들은 여러 가지 배경요소나 복잡한 맥락들을 가지고 있습니다. 하지만 한정된 공간에서 이루어지는 연극은 이런 현실의 맥락을 단순화하여 전달하기 때문에 오히려 핵심을 더 잘 파악할 수 있는 이점이 있습니다. 이렇게 재구성된 현실을 통해 파악된 내용이나 생각을 연극이 끝나고 난 후 본인의 현실적인 삶의 맥락에 접목해서 스스로 이해를 확장하는 계기로 활용할 수 있는 것입니다.

교육연극의 방식은 크게 세 가지로 나누어 볼 수 있습니다. 크리에이티브 드라마(Creative Drama, CD), 드라마 인 에듀케이션(Drama-in Education, DIE), 시어터 인 에듀케이션(Theatre-in Education, TIE) 이렇게 세 가지인데 순서대로 낮은 연령대부터 점점 높은 연령대에 활용되는 방식이라고 생각하시면 됩니다. 아주 어린 학생들에게 법이나 규칙에 대한 관념을 말로 설명하는 것이 아니라 직접 행동을 통해 익히도록 하려 한다면 어떤 방법을 시도해볼 수 있을까요? '법을 생각하면 드는 느낌을 행동으로 표현해보세요', '규칙을 어겨서 당황하고 미안해하는 상황을 친구와 함께 상상해서 만들어보세요', '여러 명이 좁은 통로를 지나갈 때 어떻게 해야 서로 부딪치지 않고 빨리 지나갈 수 있을지 방법을 생각해서 연기해보세요'처럼 아주 기본적인 문제상황이나 포인트만을 전달하고 나머지는 학생들이 즉흥적으로 상상하고 반응해서 행동하도록 유도하는 것이 가능할 것입니다. 이렇게 하는 것을 '크리에이티브 드라마'라고 합니다. 대개 짧은 반응, 단순한 몸놀림에서 끝나는 경우가 많지만 이것만으로도 '나 자신의 몸을 움직이는 수업'은 생각보다 큰 효과를 발휘합니다.

하지만 아무래도 좀 더 학생들이 성숙해지면 이것만으로는 아쉽다는 느낌이 들겠죠? 그래서 다음 단계로는 학생들이 선생님과 함께 직접 연극을 만드는 가운데 교육이 이루어지는 '드라마 인 에듀케이션' 단계로 넘어가게 됩니다. 즉, 학교 현장에서 학생 스스로 주제를 선택하고 서로 토론을 통해 연극을 만들어가는 것이죠. 대본까지 함께 만들어볼 수도 있고 기존의 대본을 가지고 교사의 조력을 받아 연극을 만들어가는 과정을 학생들이 담당할 수도 있지만 중요한 것은 그 과정에서 학생들이 주체적인 역할을 하고 서로 토론과 숙고를 하는 경험을 갖는 것입니다. 즉, 이런 연극은 최종적으로 공연되는 결과물이 핵심이 아니고 그 결과물을 만들어가는 과정이 교육적 의미를 갖는 것이라고 할 수 있습니다.

이렇게 학생들이 직접 만들어가는 연극은 큰 의미를 갖긴 하지만 학생들 스스로의 힘으로 이해하기 어려운 주제나 복잡한 내용들을 다루기는 힘들다는 한계가 있습니다. 그리고 학년이 높아질수록 하나의 주제에 이렇게 많은 수업시간을 할애하기 어렵다는 문제도 있죠. 그래서 좀 더 체계화된 형태, 그러니까 전문연극인으로 구성된 극단이 교육적 주제를 가진 연극을 공연하고 학생들은 관객으로서 여기에 참여하는 형태를 취하는 '시어터 인 에듀케이션'의 형태가 고학년 혹은 일반인들을 대상으로 한 법교육에서는 더 폭넓게 활용될 수 있습니다. 물론 이런 경우라 할지라도 일반 연극처럼 관객이 구경만 하는 것은 아니고 연극 전의 사전 협의 작업, 극 도중에 관객의 참여, 끝난 후 사후 토론 등을 통해 교육적 효과를 극대화하는 구성을 취하는 것이 일반적입니다.

제가 캐나다에서 교환교수를 하면서 저스티스 시어터(Justice Theatre)라는 법교육 연극 전문단체의 공연을 몇 차례 본 적이 있습니다. 7명 정도의 배우들로 구성된 이 단체에서는 학교나 지역기관 등을 다니면서 좀도둑질, 학교폭력, 조직폭력, 따돌림 등 여러 레퍼토리를 가지고 공연을 하는데 한 시간 남짓 되는 공연이 상당히 재미있고 학생들의 참여도 적극적이어서 매우 인상적이었습니다. 특히 연극의 특성상 유연한 대처가 가능해서 만약 학교 측에서 특정한 주제의 연극을 요청하는 경우 짧은 시간 안에 혹은 즉석에서 대본을 수정해서 공연하는 것도 가능하더군요. 이들이 많이 공연했던 '따돌림' 문제도 디지털 매체의 발달로 사이버 공간에서 문제가 발생하는 경우가 많아 내용을 부분적으로 수정한 '사이버 따돌림'으로 공연을 하기도 했습니다. 우리나라에도 이런 전문극단들이 지역단위로 자리를 잡는다면 학교 현장의 교육이 좀 더 풍성해질 수 있겠다는 생각이 들었습니다.

3. 또래조정

　　법은 공법적 측면, 즉 국가와 개인의 관계에 초점을 맞춰 보자면 국가가 사회 질서의 유지를 위해 준법을 강조하고, 이에 대해 시민들이 국가의 권력남용을 법원칙을 바탕으로 견제하는 길항의 관계로 이해할 수 있지만, 법을 개인과 개인의 관계 즉 사법적 관계를 중심으로 보자면 개인 간에 발생하는 다툼과 이해관계를 조정하고 갈등을 해결하는 것이 핵심적인 역할이라고 할 수 있을 것입니다. 그래서 법교육에서 매우 중요하게 여겨지는 분야 중 하나가 바로 갈등해결교육입니다.

　　요즘 우리 사회에서는 흔히 말하는 '법대로 하자!' 그러니까 법적 절차에 기대어 분쟁을 해결하려는 경향이 점점 확대되는 느낌입니다. 소송의 증가는 기존의 사법제도로 다 감당하기 어려운 수준이라서 우리나라의 소송 건수가 일본의 50배가 넘는다는 통계도 있습니다. 일본의 인구가 우리나라의 두 배가 넘는다는 점까지 고려하면 우리나라의 인구대비 소송 건수는 대단히 높은 수준이라고 할 수 있습니다. 물론 법적 절차를 통한 분쟁해결이 늘어나는 것이 무조건 나쁜 것은 아닙니다. 그만큼 법적 절차에 대한 국민들의 신뢰감이 높고 실제로 이를 통해 분쟁이 해결되는 실효성이 있다는 뜻일테니까요. 하지만 소송과 재판을 통한 분쟁해결은 개인과 사회 모두에 많은 시간과 비용을 낭비한다는 측면도 있고 무엇보다 소송 당사자들이 오히려 치열한 공방 속에서 관계가 악화되면서 사법 제도의 궁극적인 목적인 사회통합에는 오히려 방해가 될 수도 있다는 근본적인 한계가 있습니다.

그래서 재판 이외의 다른 분쟁해결 방법도 적극적으로 모색해야 한다는 주장이 제기되었고 그렇게 등장하게 된 방법들을 통틀어 '대안적 분쟁 해결방법'(Alternative Dispute Resolution, ADR)이라고 부르게 되었습니다. 재판이 아닌 분쟁 해결에는 어떤 것들이 있을까요? 아예 문제가 될 만한 일은 피해버리는 '회피'도 있고 두 당사자가 대화를 통해 문제의 해결을 모색하는 '협상'도 있을 것입니다. 하지만 이미 분쟁의 골이 깊어진 상황이라면 당사자들끼리 대화를 하는 것이 쉽지 않은 일이겠죠? 이때 제삼자가 개입해서 쌍방의 대화를 촉진하고 해결책을 도출하도록 돕는 일을 '조정'(mediation)이라고 합니다.

이런 ADR의 사법제도를 법교육의 차원에 도입해보면 어떨까 하는 아이디어에서 시작된 것이 바로 '또래조정'(Peer Mediation)입니다. 즉, 학생들 사이에서 발생한 분쟁을 어른이나 교사의 개입 없이 학생들이 자율적으로 해나가는 것입니다. 정규 수업 시간에 이루어지는 교수학습이 아니고 일종의 프로그램 형태로 학교 내, 혹은 기숙사 등 학생들의 생활영역에서 이루어지는 것입니다. 또래조정의 프로그램이나 모형은 매우 다양하지만 공통적으로 확인되는 절차를 대략 정리하면 다음과 같습니다.

우선 조정은 당사자들이 자발적인 의사로 참여하는 것이기 때문에 조정을 통해 분쟁을 해결하는 것에 서로 합의하고 기본적인 룰에 동의합니다. 그리고 분쟁 과정에서 과열된 감정을 가라앉히고, 각자 자신의 입장과 생각을 말하면서 분쟁 당사자들의 관점을 파악합니다. 이 과정에서 조정자는 양측의 말을 끌어내고 이를 주요 쟁점별로 정리해서 해결해야 할 문제가 무엇인지 분명하게 만듭니다. 그러면 서로에게 어떤 것이 이익이 되고 어떤 선택이 얼마나 손해를 끼칠 지 예상할 수 있게 되기 때문에 양측의 이해관계를 조율한 대안을 모색해볼 수 있게 됩니다. 이렇게 나온 대안들을 함께 검토하고 당사자들의 합의를 통해 하나의 대안을 선택하면 이 합의대로 행동할 수 있도록 문서를 작성하거나 약속을 지키는 과정을 조정자가 모니터링하고 지원할 수도 있습니다. 마지막으로 지난 분쟁과 조정의 과정을 함께 되돌아보며 피드백을 하는 것으로 전체 또래조정 절차는 마무리 됩니다. 프로그램에 따라 전반부의 감정 조정을 강조하는 경우도 있고 중반부의 대안 모색과정, 후반부의 합의의 준수 과정을 강조하는 등 여러 변형들이 있지만 종합적으로는 대략 이런 흐름으로 조정이 진행됩니다.

또래조정 프로그램이 효과를 갖는 이유는 일단 '조정' 자체가 갖는 갈등해결의 효과 때문입니다. 특히 갈등을 드러내지 않는 것을 미덕으로 삼는 동양문화권에 살고 있는 우리 입장에서는 문제가 돌이킬 수 없이 악화된 다음에야 곧바로 제도적인 해결과 강제를 구하게 되는 경우가 많은데 이렇게 갈등의 초기 단계에서 문제의 원인을 드러내고 대화를 통해 서로의 입장을 이해하여 오해를 불식시키는 경험은 매우 의미 있는 교육적 경험이 됩니다. 또 한 가지 중요한 포인트는 이 프로그램에서 조정자의 역할을 성인이 아닌 '또래'가 맡는다는 점입니다. 비슷한 입장에 있는 또래의 경우 같은 눈높이에서 대화를 이끌어내고 함께 해결책을 모색하는데 큰 힘을 발휘할 수 있습니다. 특히 교육적 차원에서는 분쟁 당사자뿐 아니라 또래 조정자 역할을 맡은 학생이 갈등의 양상을 이해하고 소통을 증진시키는 기능, 대안을 모색하는 태도를 발전시킬 수 있다는 점에서 큰 효과를 기대할 수 있습니다.

미국에서는 DRS 같은 민간단체들을 통해 또래조정 프로그램이 보급되고 있지만 우리나라의 경우는 교육부 차원에서 학생생활지도의 방법 중 하나로 또래조정이 시도되어 좋은 반응을 이끌어낸 바 있습니다.

4. 청소년법정

　　법교육에 관련된 수많은 프로그램들 가운데 가장 성공적이었고 큰 영향을 미쳤던 프로그램 하나를 꼽으라면 단연 '청소년법정'을 꼽을 수 있을 것입니다. 앞서 말씀드린 또래조정 프로그램처럼 동료 청소년들이 판사, 검사, 변호사, 배심원의 역할을 맡아 재판을 진행하는 프로그램이라서 'Youth Court', 'Teen Court', 'Peer Court' 등 여러 이름으로 불리는 데 사실 청소년 법정의 큰 성공을 발판으로 이런 법정 프로그램에 참여하기엔 나이가 어린 학생들을 대상으로 개발된 것인 또래조정이었으므로 순서로 따지자면 청소년법정이 '원조'라고 할 수 있습니다.

　　미국에서 청소년법정이 등장하게 된 데에는 나름의 배경이 있습니다. 세 번째 강의였던가요? 법교육의 여러 영역들을 설명하면서 '우회교육'을 언급했던 걸 기억하실지 모르겠습니다. 형사사건에서 전과자가 되어 재범이 증가하는 것을 막기 위해 초범에 경미한 범죄를 저지른 청소년의 경우 정규 형사절차가 아닌 다른 절차로 '우회'하여 판결을 하고 그 결과 봉사나 특별교육을 받도록 하는 방식으로 교화를 시도하는 것인데 다른 프로그램들보다 법교육이 효과가 좋아서 선호되고 있다는 말씀을 드렸죠. 여기서 이 우회교육 프로그램으로 가장 유명했던 것이 바로 '청소년법정'이었습니다.

청소년법정은 일반 법정에서 청소년들이 늘 일방적인 교화나 처벌의 '대상'에 머무른다는 점에 주목하여 시작되었습니다. 청소년들이 항상 처벌을 받는 수동적인 입장에 있다 보니 사회의 규범이 갖는 중요성을 주체적으로 생각해볼 계기가 부족하고 자신이 저지른 행동의 사회적 의미에 대해서도 잘 모르는 경우가 많다는 것이지요. 그래서 우선 청소년법정은 재판의 구성원들을 모두 청소년들이 맡도록 하여 서로의 눈높이를 맞추는 것에서 시작했습니다. 같은 청소년의 입장이라면 재판을 받는 청소년도 자신의 사정이나 이야기를 훨씬 편하고 진솔하게 털어놓을 수 있고 함께 공감하기도 유리하니까요. 또한 그 과정에서 평소 자신의 생활환경에서 만나기 어려웠던 건전한 청소년들, 재판과정을 지원해주는 어른들과의 접촉을 갖게 된다는 점도 매우 긍정적이었습니다. 하지만 청소년법정의 핵심포인트는 재판의 결과 통상 선고되는 사회봉사활동으로 이 비행청소년들이 다음 재판의 판검사 혹은 배심원으로 참여하게 된다는 것입니다. 즉, 늘 법을 적용받기만 했던 입장에서 자신이 다른 사람들의 사건을 들여다보고 직접 법을 적용하고 형량을 정하는 역할을 해보게 되는 것이지요. 그 과정에서 평소 억울하게만 생각했던 자신의 처지를 돌아보고 왜 내가 한 행동이 그런 사회적 제재를 받았는지, 규범의 내용은 무엇이고 왜 중요한 의미를 지니는지 깨닫게 되는 것입니다.

이 청소년법정은 여러 법교육 프로그램 중에서도 그 효과가 매우 탁월한 것으로 여러 연구에서 확인되고 있습니다. 특히 미국 연방 법무성 차원에서 청소년법정의 효과를 확인하기 위해 알래스카, 애리조나, 메릴랜드, 미주리 등 4개 주에서 청소년법정에 참여한 비행 청소년들과 정규 소년사법절차를 거친 청소년들의 재범률을 조사한 대규모 연구에서 정규 소년사법절차를 통해 처벌된 청소년들의 재범률이 평균 18%인데 비해 청소년법정 프로그램에 참여한 청소년들의 재범률은 평균 8%로 나타나 재범률이 절반 수준으로 떨어지는 획기적인 결과를 보여줬습니다. 그래서 미국의 거의 모든 주에서 청소년법정 프로그램을 광범위하게 시행되고 있습니다.

제가 법무부와 함께 법교육 사업을 처음 시작했던 2006년 무렵에 법교육의 효과를 널리 알릴 프로그램으로 이 청소년법정을 국내에 도입하는 검토작업을 했었습니다. 하지만 여러 모로 살펴본 결과 이 프로그램을 그대로 국내에 도입하는 것은 어렵겠다는 결론을 내렸습니다. 형법이나 형사소송법을 개정하여 정규 형사절차로 이 제도를 도입하는 것도 지난한 일이고 국민들이 청소년들이 내린 판결이 형사적 구속력을 갖는다고 받아들이는 것도 쉽지 않을 것이기 때문이었습니다. 그래서 이 프로그램을 학교 내의 선도 및 징계절차의 일부로 변형한 '학생자치법정' 프로그램을 개발했습니다. 대략적인 흐름은 비슷합니다. 학교의 교칙을 위반하여 벌점이 일정 수준을 넘어선 학생들을 학생자치법정에 회부하여 동료 학생들로 구성된 변호사, 검사, 판사, 배심원단을 통해 교칙 위반의 이유와 참작사유 등을 함께 검토하고 최종적으로 학교 봉사나 캠페인 활동 등 교육처분을 부과받으면 이런 활동들과 함께 다음 재판에 배심원으로 참여하는 방식으로 순환하는 구조였습니다. 처음에 3개 학교에서 시범사업을 했었는데 학생과 교사 모두 반응이 매우 좋아서 순식간에 전국 1500여 학교로 확산 보급되는 성과를 거두었습니다.

이와 비슷한 맥락에서 이번엔 사법부 차원에서 도입했던 프로그램이 2010년 5월부터 서울가정법원 소년부에서 시행된 '청소년 참여법정'이었습니다. 그동안 소년보호재판이 형사처벌을 위주로 운영되어 오던 것에서 탈피해 재비행의 위험성 여부를 미리 가늠해볼 수 있는 조사절차를 마련해 시행하고, 그 결과가 양호할 경우 심리불개시 결정으로 처리하고자 했었는데 이 '조사절차'에 청소년들이 참여할 수 있도록 한 것입니다. 자원봉사자들로 구성된 청소년 참여인단이 초범이거나 경미한 비행을 저지른 청소년에 대해 또래의 눈높이에서 사건을 심리한 후 적합한 부과과제를 선정에 판사에게 건의하면 성인 판사가 이를 바탕으로 과제를 부과하고, 이를 성실히 이행해 재비행의위험성이 없다고 판단하면 소년법상 보호처분 등의 조치 없이 심리불개시 결정을 내려 사건을 그대로 종결처리하는 제도입니다. 이 제도는 관련 법령의 개정 없이 청소년들이 권고적 의견을 제시하여 실질적인 사법 참여의 효과를 내도록 했다는 점에서 효과적이었고 우리나라 법교육에 또 다른 장을 연 시도였습니다.

5. 선거교육

1강, 2강을 통해 말씀드린 것처럼 법치는 근대 이후 등장한 민주 정치와 밀접한 관련을 가지고 있으며 이를 뒷받침하기 위한 수단으로 법교육이 중요해지고 있습니다. 민주정치가 결국 선거라는 제도를 통해 대표를 선출하고 지속적으로 교체하는 과정에서 견제가 이루어지는 방식을 택하고 있다는 점을 고려하면 선거가 제대로 이루어질 수 있도록 국민들을 교육하는 '선거교육' 역시 법교육의 중요한 역할이라고 할 수 있습니다. 특히 우리나라는 2020년부터 만18세 청소년들도 선거권을 갖게 되어 선거교육이 보다 이른 시기부터 체계적으로 이루어져야 할 필요성이 제기되고 있습니다.

선거교육의 필요성을 학술적 차원에서 제시한다면 어떤 분석이 가능할까요. 다운즈(Downs)라는 학자는 사람들의 투표 행위를 합리적 선택으로 본다면 자신의 행위를 극대화하는 방향으로 행동할 것이라는 전제 하에 내가 투표에 참여함으로써 내가 지지하는 후보가 당선될 가능성(Probability, P)과 이 후보의 당선으로 인해 내가 얻게 될 경제적, 심리적 이익(Benefit, B), 그리고 투표 행위에 들어가는 비용 (Cost, C)의 세 가지 요소를 통해 'PB − C > 0'일 때 투표에 참여하게 된다는 공식을 만들어 냈습니다. 문제는 매우 많은 사람들이 참여하는 투표의 특성 상 P가 극단적으로 낮아질 수밖에 없다는 것입니다. 이에 비해 C, 그러니까 내가 투표를 하기 위해 이동하는 비용, 걸리는 시간, 후보의 공약을 파악하고 선택을 위해 고심하는 노력 등의 비용은 늘 일정 수준으로 존재할 수밖에 없으므로 최종적인 결과가 양의 값, 즉 투표 참여 쪽으로 나오는 것은 쉽지 않은 일입니다. 요즘 전세계적으로 투표율이 점점 낮아지는 것은 이런 공식을 통해 설명할 수 있을 것입니다.

이 다운즈의 공식을 양의 값으로 바꾸기 위해서 몇 가지 시도를 해볼 수 있습니다. P의 값을 낮추려면 투표모수, 그러니까 선거구의 유권자수를 줄이고 더 작은 단위에서 대표자를 선출하도록 할 수 있을 것입니다. 그러나 이렇게 되면 전체 대표자의 숫자가 크게 늘어나므로 한계가 있는 방법입니다. B의 값을 높이기 위해서는 투표를 하러 오는 사람들에게 선물이나 쿠폰 등 인센티브를 주면 되겠죠. 하지만 이건 부정선거의 문제가 발생할 가능성이 있습니다. C의 값을 낮추기 위해 투표소를 많이 만들어 교통비를 줄이고 홍보물을 더 자세하고 꼼꼼하게 만들어 쉽게 정보를 습득할 수 있도록 하는 것도 가능하겠죠. 하지만 그럼에도 불구하고 일부러 반나절 이상의 시간을 들여 투표장에 나가야 한다는 귀찮음은 여전히 남습니다.

그래서 라이커(Riker)와 오더슉(Ordershook)이라는 학자는 다운즈의 공식을 약간 수정하여 '시민의 의무'(civic Duty, D)라는 요소를 추가했습니다. 즉, 나에게 큰 이득이 돌아올 것을 기대하지 못하는 상황이라도 민주사회의 시민으로서 투표는 반드시 하러 나가야 한다는 의식을 심어주는 것을 통해 투표행위를 이끌어 낼 수 있다는 것입니다. 그결과 최종적인 공식은 다음과 같이 정리될 수 있습니다.

$$R = P \times B - C + D$$

이런 '시민적 의무감'을 심어주는 가장 좋은 수단이 바로 선거 교육입니다. 결국 교육을 통해 선거의 중요성을 인식시키고 적극적으로 참여하는 의식을 심어주는 것인 선거를 통한 민주정치의 성공적 운영에 핵심이라고 할 수 있는 것입니다.

그렇다면 선거 교육은 어떤 목적과 내용으로 구성될 수 있을까요? 크게 세 단계 정도로 나누어볼 수 있을 것입니다.

첫 단계는 투표 자체를 독려하는 것입니다. 현재 세계 각국이 직면하고 있는 민주주의의 위기 가운데 1차적인 문제는 정치적 무관심이 높아지고 있다는 점입니다. 사람들이 투표장에 가는 것조차 귀찮아 한다는 것이죠. 이렇게 될 경우 정치에 대한 시민의 견제가 작동하지 않게 되어 민주주의의 기능이 마비될 수도 있고 심지어 선출된 사람들조차 정치적 정당성, 대표성이 부족하여 리더십의 위기가 올 수도 있으니 큰 문제라고 할 수 있습니다. 그래서 대부분의 국가에서 선거 참여를 독려하는 교육이나 캠페인을 지속적으로 실시하고 있고 이 부분은 딱히 정치적 편향성이 문제가 되지 않는 기본적인 합의의 영역이라고 할 수 있습니다.

하지만 무조건 많은 사람들이 투표에 참여한다는 것으로 충분한 것일까요? 시민적 의무감이든 주변의 분위기에 휩쓸린 결과이든 일단 사람들이 많이 투표를 한다는 것만으로 민주주의가 제대로 작동할 것으로 기대하기는 어렵습니다. 아무 생각없이 기계적으로 투표를 하고 내 할일을 다했다고 생각하는 사람들이 다수라면 엉뚱한 사람이나 정당이 정권을 잡을 수도 있고 그렇게 선출된 사람들에 대한 유권자의 책임감도 낮을테니 말이죠. 그래서 선거 교육의 두 번째 단계는 '제대로 투표하도록' 하는 것, 그러니까 학생들의 정치적 선택 능력을 향상시켜주는 것입니다. 이를 위해서는 기본적인 정치제도에 대한 지식, 정당의 역할에 대한 인식과 정강의 차이, 정책을 평가하는 방법, 후보자의 공약 비교 등 다양한 내용들이 포함될 수 있죠. 그래서 여기에서부터가 진정한 선거 교육, 체계적인 내용구성과 교수학습법이 필요한 영역이라고 할 수 있는데 첫 번째 단계와 달리 두 번째 단계에서부터는 정치적 편향성 논란이 일어날 수 있습니다. 예를 들어 고등학교 사회 시간에 학생들이 자신이 사는 지역에 출마한 후보들의 공보물을 가지고 와서 평가한 후 선택해보도록 하는 수업은 자칫 특정 정당이나 후보에 대한 지지나 반대의 의미를 담은 수업으로 곡해될 여지도 있는 것입니다. 그래서 우리나라의 학교 현장에서 이 두 번째 단계부터의 교육은 경원시되는 경향이 있는데 참 안타까운 일입니다. 선생님들이 정치적 중립성 논란에 휘말리지 않도록 보호하는 제도적 가이드라인이 필요한 상황입니다.

　세 번째 단계는 학생들에게 선거 이외의 정치 활동에 참여하고 사회적 이슈에 관심을 기울이도록 하는 것입니다. 사실 민주정치는 단순히 선거기간에만 작동하고 나머지 기간에는 아무 것도 하지 않고 불이 꺼져있는 네온사인과 같은 것이 아니고 수시로 시민들의 관심과 참여가 투입되어야 녹슬지 않고 쉴 새 없이 움직이는 기계와 같은 것입니다. 따라서 선거를 계기로 선거 이외의 정치활동에도 관심을 갖고 참여하도록 하는 것은 당연히 선거교육이 궁극적으로 지향해야 할 목표라고 할 수 있습니다. 사실 이런 활동의 가장 일반적인 형태는 정당에 가입해서 활동하는 것인데 우리나라에서는 일반인이 정당에 가입하는 것이 흔하게 볼 수 있는 일도 아니고 더구나 청소년들이 당원이 되는 것은 매우 부정적인 시각으로 바라보는 경우가 많아서 미국처럼 초등학생들이 특정 후보의 지지를 부탁하며 가가호호 방문하고 유권자들에게 전화를 돌리는 등의 활동을 하는 것은 상상도 할 수 없습니다. 시민단체에 참여하는 것은 어느 정도 긍정적으로 바라보는 분들도 많습니다만 정작 일반인이나 청소년들이 일상적으로 참여할만한 시민단체의 수나 종류가 그리 많지 않다는 문제도 있죠. 그래서 학교 교육에서 시민의 정치참여에 관한 수업을 하면서도 이론적인 내용의 전달에 그치는 경우가 많아서 참 안타깝습니다.

　오늘은 말씀드린 내용이 좀 많았네요. 하지만 법교육의 교수학습법과 프로그램들은 조금 과장하자면 하늘의 별만큼이나 많아서 여기에서는 가장 대표적인 내용 일부만을 다루었습니다. 법교육에 관심이 있는 분들은 다른 전문 서적이나 인터넷 검색 등을 통해 추가로 여러 내용들을 접해보시길 권합니다.

07

법교육의 미래

LAW

1. 인간이란 무엇인가?

이번 시간이 마지막 강의네요. 통상 대학에서는 한 학기에 15주 정도의 강의를 하니까 7강으로 끝나는 이번 코스는 절반 정도 밖에 안 되는 짧은 분량이라고 볼 수도 있습니다. 하지만 따지고 보면 '법교육이란 무엇인가?'라는, 일반적인 수업이었다면 한 시간 정도 밖에 안 되었을 내용을 7시간에 걸쳐 설명드렸으니 엄청나게 긴 강의라고도 할 수 있겠네요. 오늘은 어쩌면 맨 첫 강의에 드렸어야 할 말씀, 맨 처음으로 거슬러 올라가는 이야기로 시작을 해볼까 합니다. 바로 우리 인류, 그러니까 '인간이라는 종류'의 생물체에 관한 이야기입니다. 너무 거창한가요?

지금 우리는 적어도 지구 상에서는 누구도 부정할 수 없는 가장 강력한 생물종으로 군림하고 있습니다. 지금과 같은 폭발적인 성장세가 계속 이어진다면 그 힘은 다른 행성으로까지 확장될 수도 있겠죠. 하지만 생각해보면 참 신기한 일입니다. 인간은 곰처럼 강한 힘과 발톱을 갖지도, 호랑이처럼 무서운 이빨과 근육을 갖지도 못했고, 새처럼 하늘을 날 수도 없고, 물고기처럼 바다 속에서 살아갈 능력도 없습니다. 그런데 우리는 어떻게 이 모든 경쟁자들을 제치고 생존경쟁에서 승리해 지금에 이를 수 있었던 것일까요?

그 힘의 비밀이 '인간은 사회를 이루어 힘을 합칠 수 있었다'라는 것은 누구나 아는 사실이지만 조금 더 들여다보면 그 뻔한 사실은 그리 뻔하지 않은 전제를 담고 있습니다. 늑대나 하이에나, 코끼리가 그렇듯 떼를 이루어 사는 것은 대부분의 동물들이 택하고 있는 생존의 전략입니다. 그리 특별할 것이 없는 것이죠. 인간의 특별함은 우리가 만든 공동체가 단순한 '군집' 이상의 긴밀한 협력관계를 이루었다는데 있습니다. 이를 통해 인간은 서로 역할을 나누고 협력을 강화하여 '더 거대한 인간' 즉 '사회'로 재탄생할 수 있었던 것입니다. 이런 재탄생의 과정에서 가장 중요한 것은 구성원 간의 '유대'였습니다. 서로가 서로에게 관심을 갖고 의사소통을 하는 과정에서 다른 동물들과 수준이 다른 긴밀한 결합이 가능해졌던 것이지요. 원숭이들이 서로의 털을 골라주는 것은 구성원들 사이에서 유대를 강화하는 가장 기본적인 수단입니다.

문제는 집단의 규모가 점점 커지면 이런 털 골라주기에 드는 시간이 너무 늘어난다는 것입니다. 어떤 학자의 연구에 따르면 원숭이 집단이 털 골라주기에 들이는 시간이 일과시간의 20% 정도라고 하는데 대충 하루 10시간 정도를 일상적인 활동시간으로 본다면 2시간 내내 다른 원숭이의 털만 골라줘야 한다는 뜻입니다. 그러니 이런 방식으로는 더 큰 집단으로 확장되는 것이 불가능했을 것입니다. 그래서 등장하게 된 것이 '언어'입니다. 더 짧은 시간 내에 더 많은 정보들을 공유하면서 유대를 확장할 수 있게 된 것이고 이것은 심지어 두 개체 사이에만 가능한 것이 아니라 수십, 수백 개체가 한꺼번에 음성언어를 공유하며 공감대를 만들어낼 수도 있습니다.

이렇게 '유대'를 만들어내는 언어는 사실 정보량 자체가 중요한 것은 아닙니다. 털 골라주기가 생존에 절대적인 필요조건이 아니었던 것처럼 그저 서로 대화를 나눈다, 생각을 공유한다는 사실, 그래서 너와 내가 '우리'가 된다는 것이 핵심이었죠. 오히려 이런 얘기들은 너무 심각하지 않은 것이 더 나을 수도 있습니다. 서로 신경을 거스르는 이야기는 안 하니만 못하니까요. 그러다보니 제3자에 대한 이야기, 예를 들어 타인에 대한 이른바 '뒷담화'(gossip)가 가장 안전한 대화의 주제가 되었고 이렇게 만들어지는 공동체를 '사피엔스'를 쓴 유발 하라리는 '가십 공동체'라고 부르기도 했습니다. 요즘 우리가 잡담을 할 때 연예인이나 유명인 혹은 정치 이야기를 하는 것도 이와 비슷하다고 볼 수 있을 겁니다.

하지만 여기에서 집단이 더 커지고 협력의 체계가 더 분화되면 단순한 '유대감'만으로는 공동체가 제대로 작동하지 못하는 단계에 이릅니다. 정확한 숫자를 제시하긴 어렵지만 원숭이 집단이 5~60마리 내외, 가십 공동체가 많아봐야 그 서너 배 정도의 촌락 단위가 한계라고 한다면 수천 명, 수만 명을 단위로 이루어지는 '국가'의 단계에서는 누가 어떤 역할을 하고, 명령을 내리는 자와 수행하는 자, 동등한 지위와 차별적인 지위가 구분되는 '체계'가 필요해집니다. 체계란 결국 수직과 수평으로 갈리는 여러 갈래의 선들이고 이 선들이 개인들이 함부로 넘나들 수 없는 '힘'을 가질 때 비로소 '질서'라는 것이 탄생하는 것이지요.

그래서 최초의 질서는 '말이 힘을 갖도록'하는 것에서 시작되는 것이 당연했을 것입니다. 그건 나, 너, 우리보다 더 우월한 존재로부터 비롯한 '말'이라는 관념을 탄생시켰을 것이고 그래서 신화와 종교가 시작되었겠죠. 중국의 상나라에서 동물의 뼈나 거북이 등딱지를 불에 태워 그 갈라지는 모양으로 하늘의 뜻을 살펴 전하는 제관들이 정치적 지도자의 역할을 하는 '제정일치'의 사회였던 것은 그들의 '말'이 '신의 의지'를 담는 힘을 갖고 사람들의 행동을 통제하는 것이 가능했기 때문이었을 것입니다.

하지만 인간들은 점차 자연에 대한 이해를 넓혀갔고 그래서 자연에 대해, 신에 대해 갖고 있던 막연한 두려움도 점차 걷어내게 됩니다. 이는 '신의 의지'로 뒷받침되던 말의 힘에 공백 상태를 초래하게 되었을 것이고 이것을 채우며 등장한 것이 '인간의 의지' 즉 사회 구성원들의 토론과 합의를 통해 구성되고 운영되는 사회, '민주주의'의 등장입니다. 이렇게 보자면 결국 사회의 규범, '법'은 '신에게서 인간에게로' 내려오는 세속화의 과정을 통해 오늘에 이르렀다고 볼 수 있습니다. 따라서 2024년 현재 우리가 법규범을 통한 민주정치, 법치와 민주주의를 이야기하는 것은 어떻게 하면 우리 사회의 구성원들이 법이라는 언어에 스스로 힘을 부여하고, 이를 바탕으로 타인과 소통하며 함께 살아갈 방안을 모색할 수 있을 것인가 하는 점을 고민하는 것이라고 바꾸어 말할 수 있습니다. 그리고 그 과정에서 가장 핵심적인 역할은 더 정확하고 강력하고 세밀한 법을 만드는 것 그 자체가 아니라 더 많은 사람들이, 법에 대해 더 많이 관심을 갖고 참여하며, 법에 따라 혹은 법을 매개체로 우리 공동체를 지켜나갈 의지를 갖도록 하는 것입니다. 지난 6개의 강의를 통해 제가 드린 말씀은 그런 역할은 결국 법교육이 담당해야 할 일, 법교육만이 담당할 수 있는 일이라는 것이었습니다.

2. 점점 납작해지는 세계

　따지고 보면 법치라는 희망, 민주주의라는 꿈은 '말이 힘을 갖는 세상' 그러니까 '이성에 의해 합의와 결정이 이루어지는 세상'이 가능하리라는 전제 위에 쌓아올린 성과 같은 것입니다. 세상이 오로지 돈과 힘에 의해서만 결정되는 것이고 따라서 강자가 약자를 억압하고 착취하거나 우월한 지위에 서는 것이 당연하다고 생각하는 세상은 역사를 거슬러 인간이 쌓아올린 사회의 발전을 동물의 군집 단계로 되돌려 놓는 일과 같습니다. 홉스가 늑대들의 세상, '만인의 만인에 대한 투쟁상태'라고 표현한 것은 바로 이런 '정치가 존재하지 않는 세상'에 대한 은유였습니다.

　그런데 최근 들어 이 근본적인 전제에 대해 의문을 갖게 하는 일들이 늘어나고 있습니다. '트럼프주의'라고 불리는 현상이 가장 대표적이지 않을까 싶습니다. 세계 최고의 강대국인 미국을 대표하는 대통령이었던 도널드 트럼프가 이전까지는 상상도 할 수 없었던 인종차별적 발언을 마구 하고 거짓말을 다시 거짓말로 덮고 또 덮어서 일일이 팩

트 체크를 하는 것조차 불가능해서 무엇이 사실인가는 더 이상 중요하지 않고 누가 우리 편인지만 중요한 이 시대에 '포스트 트루스 시대'라는 별명까지 붙었습니다. 혐오를 주장하고 폭력을 선동하는 그와 지지자들의 행동은 민주주의의 근간이라고 생각했던 선거 제도 자체를 부정하고 자신에게 불리한 결과가 나오면 무조건 조작이라고 몰아붙이는 지경에 이르렀으며 마침내 선거에 패한 이후에는 트럼프가 지지자들을 부추겨서 의회를 습격하는 사상초유의 사태까지 벌어졌습니다. 미국만 이런 것이 아니죠. 유럽에도 이민자 추방과 자국우선주의를 내세우는 극우정당들이 대거 약진하고 몇몇 나라에서는 정권을 장악하는 상황에 이르렀죠. 현대 의회민주주의의 발상지로 여겨졌던 영국은 보수주의자들의 주장에 고무된 사람들이 주도한 국민투표를 통해 유럽공동체를 일방적으로 탈퇴하고 고립주의 노선을 선언했습니다. 인종청소의 영원한 피해자일 것만 같았던 이스라엘은 대화와 타협을 집어치우고 팔레스타인 난민들을 축출하는 과정에서 중동 전체를 전쟁의 도가니로 몰아넣고 있고 러시아는 우크라이나를 침공했으며 세계의 공장으로 부상하던 중국은 시진핑의 장기집권을 위해 권위적 정치체제로 회귀하고 있습니다.

이런 세상에서 말이 힘을 갖는 세상, 합의에 의한 정치는 과연 의미가 있는 것일까요? 최근 우리 사회에서도 문제의 원인을 살피거나 배려와 공감을 시도하는 것보다는 빠르고 단순하고 화끈해 보이는 가시적 해결책을 우선시하는 이른바 '사이다 결말'이 열광을 이끌어내고 있습니다. 학생들에게 형사책임연령을 수업할 때마다 '교수님, 왜 촉법소년들은 봐줘요? 다 처벌해야 하지 않아요? 걔들도 알거 다 아는 나쁜 놈들이에요.'라는 이야기를 반복해서 듣습니다. 그때마다 몇몇 사건들이 자극적으로 부각되고 있을 뿐 통계적으로 분석해보면 청소년 범죄가 증가하는 추세도 아니고, 사물 변식 능력이 없는 대상을 처벌하는 것은 형법상 특별예방효과도, 일반예방효과도 기대할 수 없으며, 더 나아가 조기에 전과자가 되는 사람들을 양산하는 것은 오히려 재범을 크게 증가시켜 우리 사회 전체의 범죄율을 끌어올리는 결과를 가져올 것이라고 찬찬히 설명해주지만 진심으로 납득하는 것처럼 보이는 학생은 몇 명 되지 않습니다.

세상은 이렇게 우리 대신 나를 앞세우는, 사회 대신 가족을 앞세우는, 대화보다는 힘을, 장기적 개선보다는 당장의 감정적 만족을 중요하게 여기는 모양새로 점점 납작하게 눌려가는 기분이 듭니다. 요란하게 면적만 클 뿐 깊이가 없고, 당장 눈앞에 빤히 보이는 것이 전부라고 여기는 사람들이 톡 두드리면 바스라질 것처럼 위험천만한 상황으로 몰아가고 있는 세상. 이런 세상에서 우리가 법치와 민주주의, 법교육을 통한 시민성의 함양 같은 한가한 소리를 하고 있는 것이 과연 어떤 의미가 있을까요?

정치학자 버나드 크릭은 정치가 의미가 있는 것은 강자와 약자가 공존할 수 있는 조건을 만들기 때문이라는 말을 했습니다. 일견 당연해 보이는 이 조건은 생각보다 그리 간단한 것이 아닙니다. 야생의 환경에서 사자와 사슴이 같은 공간에서 평화롭게 함께 살아가는 것이 가능할까요? 호랑이가 토끼와 대화를 나누고 서로 도와가며 생존을 도모하는 모습을 상상할 수 있을까요? 정치는 그런 꿈같은 일을 가능하게 해주는 시스템입니다. 강자가 약자와 공존하고, 약자 역시 강자를 도우며 함께 힘을 모아 전진하는 것을 실현시켜주는 제도입니다. 인간은 그것을 해냈기 때문에 동물 이상이 될 수 있었습니다. 아리스토텔레스가 말했던 '인간은 정치적 동물이다'라는 말은 '인간은 동물 중에서 정치라는 걸 하는 존재다'라는 의미라기보다는 '인간은 정치를 하기 때문에 동물이 아니다. 동물 이상의 존재다'라는 뜻에 가까울 것입니다. 고대 그리스 철학자들에게 무엇보다 중요한 문제는 인간은 무엇으로 동물과 다른 존재일 수 있는가를 탐구하는 것이었으니까요. 달리 말하자면, 정치를 포기하고 법에 의한 질서를 무너뜨리는 단계에서 인간은 동물과 다를 바 없는 존재가 됩니다.

2021년 1월 6일, 미국에서는 대통령 선거 결과에 반대하는 트럼프 지지자들이 당선자 바이든을 인증하는 회의가 열리고 있던 국회의사당을 습격하는 사상초유의 사건이 발생했습니다. 이들을 막으려는 경비원들과의 충돌 끝에 사망자까지 나오는 대규모 폭력사태가 발생했고 결국 폭도들에 의해 국회의사당이 점거되는 일은 미국 역사상 유례를 찾기 힘든 일이었고 이 모든 과정은 미디어를 통해 전세계로 생중계되면서 엄청난 충격을 가져왔습니다. 게다가 사후 조사결과 이를 위한 사전모의과정까지 있었다는 사실이 밝혀지면서 이 사건은 단순한 시위나 우발적 사건이 아니라 국가에 대한 반란(insurgence)으로 봐야 한다는 주장까지 제기되었습니다.

저 역시 이 사건 관련 뉴스를 실시간으로 접하면서 크게 놀라고 한편으로 실망했습니다. 우리가 알고 있는 민주주의, 법치의 한 세기가 구겨져서 역사의 책으로부터 찢겨나가는 순간을 목격하고 있는 듯한 기분이었습니다. 정치학자 윌리엄스는 이 사건을 민주주의의 실패이자 쿠데타라고 규정하고 현재 미국 민주주의의 상태를 히틀러의 나치즘을 불러왔던 1930년대 독일의 상황과 비슷한 위기라고 진단하기도 했습니다. 하지만 저를 정말 놀라게 한 것은 그다음에 벌어진 일들이었습니다.

이 습격 사건이 벌어진 1월 6일 당일 저녁에 이미 민주시민교육 관련 단체들은 교사들이 학생들에게 이 사건에 대해 설명하고 수업할 수 있는 자료들을 최대한 수합하여 미국 전역의 교사들에게 배포하기 시작했습니다. 메일링 리스트를 통해 미국의 자료를 받고 있던 저에게도 여러 경로로 자료들이 들어왔는데 그 목록은 국회의사당이 공격을 받았던 역사적 사례들에 대한 분석에서부터 이번 국회의사당 습격의 배경설명, 토론수업방법, 시민불복종이 정당성을 가질 수 있는 조건, 학생들이 받았을 트라우마를 다루는 방법 등 매우 다양했습니다. 이건 시작에 불과했고 이튿날부터는 좀 더 정제된 형태의 자료들이 추가로 쏟아지기 시작했는데 미국의 교육문제 관련 대표 주간지인 Education Week에서는 편집진 전체의 협동 작업으로 '국회의사당 습격을 어떻게 가르칠 것인가—당신이 수업을 시작할 수 있도록 돕는 수십 개의 자료들'이라는 특별기사를 내기도 했습니다.

제가 볼 수 없었던 장면들을 상상해봅니다. 이 사람들은 TV화면을 통해 흘러나오는 믿을 수 없는 폭력과 파괴의 현장, 민주주의가 처참하게 유린되는 광경을 보며 경악하고 탄식했을 것입니다. 하지만 그들은 거기서 주저앉지 않고 곧바로 지금 우리가 할 수 있는 일은 무엇인가를 고민했고 내일 당장 학교에서 학생들을 만나 무슨 이야기를 해주어야 하나 고민하고 있을 교사들을, 보다 근본적으로는 큰 상처를 받은 학생들을 위해 생각하고 토론하고 함께 해결책을 모색할 수 있는 방안들을 모아서 전달하기 위해 밤새 자료를 뒤지고 공유하며 이 자료들을 만들어 급히 배포했을 것입니다. 우리가 타고 있는 민주주의라는 배가 벼랑으로 떠밀려가고 있는 상황일지라도 손 놓고 포기하기보다는 노를 젓고 손으로 물을 떠밀어서라도 배를 구하고 상류로 거슬러 올라가려고 애쓰는 사람들, 지금의 좌절을 언제일지 모를 미래의 희망으로 바꾸려고 사과나무 한 그루를 심는 사람들, 이들의 힘으로 우리는 짐승의 나락으로 떨어지지 않고 간신히 버티고 있는 것은 아닐까요?

3. 위기의 법교육, 앞으로의 과제

　그렇다면 이런 민주시민교육의 핵심이라고 할 수 있는 법교육이 현재 우리나라에서는 어떤 상황에 처해있을까요? 안타깝게도 법교육의 흐름은 점점 동력이 약해지고 있으며 장기적인 전망도 불투명한 상황입니다. 이 부분을 몇 가지로 나누어 짚어보도록 하겠습니다.

　첫 번째 문제는 법교육 관련 교육과정의 약화입니다. 우리나라에서 법 관련 교육과정은 개화기 시절부터 꾸준히 이어져 1997년 7차 교육과정에 와서는 '법과사회'라는 개별 교과로 분리되는 단계에까지 이르렀으나 이후 정치과목과 통합되고 다시 일반선택과목에서 배제되는 등 지속적으로 약화되어 현재는 독립과목으로의 위상은 거의 사라졌고 초등학교와 중학교 사회, 고등학교 통합사회 과목 내에 일부 성취기준으로 남아있는 상태입니다. 교육과정 내에 법 관련 내용이 포함된 것은 우리나라 법교육에서 학생－교사－연구자의 선순환구조를 만들어 빠른 시간에 법교육을 활성화시키는데 큰 역할을 했던 만큼 이 부분이 약화되는 것은 매우 우려할 만한 일입니다. 특히 2022 교육과정에서 정치와법 과목이 수능과목에서 아예 배제된 것은 법에 관련된 깊이 있는 내용을 학습해야 할 고등학교 과정에서 법교육의 근거를 뿌리부터 흔들 가능성이 있어 향후 교육과정 개정 과정에서 개선이 필요해 보입니다.

두 번째 문제는 정부 및 공공기관의 법교육에 대한 의지가 약화되고 있다는 점입니다. 우리나라의 법교육은 국가기관 특히 법무부의 관심과 노력에 의해 빠르게 확장되었습니다. 1992년 최초의 법교육 관련 논의를 시작하고 2006년 이후 범죄예방정책국의 주도로 다양한 법교육 사업을 펼쳐온 법무부의 노력으로 법교육에 관련된 여러 프로그램들이 개발, 보급되고 자료들이 축적될 수 있었습니다. 이 과정에서 한국법교육센터가 설립되어 지금도 활발하게 운영되고 있고 대전, 부산, 광주에 '솔로몬 로파크'라는 법테마파크가 생긴 것도 큰 성과입니다. 하지만 최근 이런 흐름은 눈에 띄게 둔해지고 있습니다. 법무부와 협력하여 또래조정 프로그램, 학생자치법정 프로그램을 적극적으로 보급하던 교육부의 행보도 답보 상태에 있으며 청소년참여법정 등을 통해 법교육에 의욕적으로 나서던 대법원도 최근엔 별다른 활동을 보이지 않고 있는 상황입니다. 느리지만 꾸준히 법교육 활동을 벌이고 있는 일본의 법무성이나 미국의 연방대법원의 행보와 아무래도 비교가 되는 부분입니다.

세 번째 문제는 법교육에 관련된 민간 부문의 활동이 여전히 미약한 상황이라는 점입니다. 앞선 강의에서 설명드렸듯이 다른 나라의 법교육은 대개 법교육 관련 시민단체, 변호사나 법무사 단체 등 민간단체들을 중심으로 활동이 이루어지고 있습니다. 하지만 우리나라는 한국법교육센터 외에 별다른 법교육 관련 민간단체가 없고 미국과 일본에서는 가장 적극적으로 법교육을 추진하고 있는 변호사 단체들은 법교육 문제에 별로 관심을 보이고 있지 않습니다. 또한 미국에서 학교 법교육에 크게 기여하고 있는 로스쿨의 법교육 클리닉의 활동과 달리 우리나라의 법학전문대학원에서는 법교육을 통한 사회봉사 활동에 거의 없는 상황입니다. 위에 말씀드린 국가기관들의 법교육이 답보 상태에 빠진 것도 초기 계획에서는 관주도로 동력을 끌어올리고 이후 민간에 이양하는 순서로 장기계획을 세웠는데 민간에서 법교육을 이어갈 단체들이 자생적으로 등장하지 않으면서 한계에 부딪친 측면도 있습니다. 특히 앞서 설명드린 미국 국회의사당 사건 이후의 대응에서처럼 상시적으로 발생하는 사회적 이슈나 새로운 교수학습법을 법교육적 차원에서 재구성하여 교사, 학생, 학부모와 일반인들에게 전달하는 민간단체가 우리나라에도 있으면 좋겠다는 생각을 하고 있습니다.

네 번째 문제는 법교육의 국제네트워크 구성입니다. 법교육을 통한 민주주의의 강화는 우리뿐 아니라 대부분의 국가에서 직면하고 있는 과제이고 그래서 미국의 법교육 단체들은 아프가니스탄, 파키스탄, 케냐 등 저개발국가, 개발도상국 등에 법교육 프로그램을 지원하여 민주주의의 씨앗을 심으려는 프로그램들을 지속적으로 운영하고 있기도 합니다. 크게 보아도 미국, 일본, 독일, 영국, 호주 등에서 활동하고 있는 법교육 단체나 기관들과 네트워크를 형성하고 서로의 노하우와 고민을 공유하는 활동을 확대해 나간다면 우리 법교육이 한 단계 더 도약할 수 있는 좋은 계기가 마련될 수 있지 않을까 기대하고 있으나 아직까지는 그 단초가 보이지 않고 있는 상황인 듯합니다.

이제 전체 코스를 마무리할 시간이 된 것 같습니다. 이 강의 코스 내내 말씀드린 것처럼 저는 민주주의의 핵심이 법치, 법에 의한 통치와 법을 통한 통치권력의 견제에 있고 이를 위해서는 법교육을 통한 시민성의 함양이 반드시 필요하다는 신념으로 법교육을 평생의 업으로 삼고 살아왔습니다. 하지만 최근 우리나라의 법교육은 여러 측면에서 위기를 맞이하고 있습니다. 그리고 논리적 귀결에 따라 이는 우리 민주주의의 위기로 해석할 수도 있을 것입니다. 이 강의를 계기로 법교육에 관심을 갖고 강자와 약자, 가진 사람과 그렇지 못한 사람들이 모두 함께 살아가는 세상에 대한 꿈을 같이 꾸는 분들이 한 분이라도 더 늘어나기를 바라며 긴 강의를 마무리하도록 하겠습니다. 감사합니다.

지은이 | 곽한영

● 학력

서울대학교 학·석사

서울대학교 박사(법교육)

● 경력

한국법교육학회 총무이사(2010.01.~2012.05.)

한국시민청소년학회 이사(2012.01.~2012.12.)

한국법교육학회 학술이사(2012.06.~현재)

부산광역시교육청 사회(심화) 인정도서심의회 심의위원(2013.03.~2014.02.)

법무부 헌법교육 강화 추진단 중등분과위원장(2013.05.~2014.05.)

부산광역시교육청 고등학교 사회 인정도서 심의위원(2014.09.04.~2015.09.03.)

게임물관리위원회 등급재분류자문회의 자문위원(2014.06.09.~2016.06.08.)

일반사회교육과 학과장(2013.03.~2015.02.)

부산대학교 취업전략과 부처장(2017.11.~2019.02.)

부산대학교 일반사회교육과 교수(2018.03.01.~현재)

● 저서

곽한영 외, 『청소년의 법과 생활』, 대한교과서, 2006.02.

곽한영 외, 『사회(지리, 일반사회)과 선택과목 교육과정 개정 시안 연구 개발』, 한국교육과정평가원, 2006.12.

곽한영 외, 『세계의 법교육』, 한국학술정보, 2007.05.

곽한영 외, 『학교폭력과 법』, 한국학술정보, 2007.05.

곽한영 외, 『학생자치법정의 이론과 실제』, 한국학술정보, 2007.05.

곽한영, 『법의식과 법교육』, 한국학술정보, 2007.06.

곽한영 외, 『법교육학 개론』, 한국학술정보, 2007.10.

곽한영 외, 『고등학교 정치』, 천재교육, 2008.03.

곽한영 외, 『고등학교 정치 교사용 지도서』, 천재교육, 2008.03.

곽한영 외, 『2009학년도 개편 중등교사임용후보자선정경쟁시험 표시과목 '공통사회'의 교사자격기준개발과 평가영역상세화 및 수업능력 평가 연구』, 한국교육과정평가원, 2008.06.

곽한영 외, 『만화로 배우는 우리나라 헌법』, 김영사, 2009.02.

곽한영 외, 『청소년이 꼭 알아두어야 할 법원과 재판이야기』, 사법발전재단, 2009.12.

곽한영 외, 『국제사회의 이해』, 부산대학교 출판부, 2011.02.

곽한영 외, 『법과 정치 교사용지도서』, 천재교육, 2012.02.

곽한영 외, 『법과 정치』, 천재교육, 2012.03.

곽한영 외, 『중학교 사회 교사용 지도서』, 천재교육, 2013.03.

곽한영 외, 『중학교 사회 1』, 천재교과서, 2013.03.

곽한영 외, 『중학교 사회 2』, 천재교과서, 2013.03.

곽한영 외,『학교 내 또래문화의 형성과 전파』, 아담북스, 2013.06.

곽한영 외,『법교육학 입문』, 도서출판 GMW, 2013.08.

곽한영 외,『고등학교 법과 정치』, 천재교육, 2014.03.

곽한영 외,『초등학교 5-6학년 사회 특수교육 전자교과서』, 교육부, 2014.03.

곽한영 외,『초등학교 5-6학년 사회-가 특수교육 교과서』, 교육부, 2014.03.

곽한영 외,『초등학교 5-6학년 사회-가 특수교육 교사용지도서』, 교육부, 2014.03.

곽한영 외,『초등학교 5-6학년 사회-나 특수교육 교과서』, 교육부, 2014.03.

곽한영 외,『초등학교 5-6학년 사회-나 특수교육 교사용지도서』, 교육부, 2014.03.

곽한영 외,『학생자치법정 2.0 매뉴얼』, 법무부, 2014.03.

곽한영 외,『깊은 학습 지식의 바다로 빠지다』, 학지사, 2014.05.

곽한영 외,『세계의 법교육 2-시민법교육의 시대』, 한국학술정보, 2014.06.

곽한영,『혼돈과 질서-인문학의 눈으로 본 세상의 균형과 조화에 관한 이야기』, 사람의무
    늬, 2016.02.

곽한영,『법교육 교수학습방법론 강의』, 박영스토리, 2020.

곽한영,『구룡채성의 삶과 죽음』, 부산대학교 출판문화원, 2021.

곽한영 글/오승민 그림,『그래도 헌법은 좀 알아야 하지 않을까?』, 나무를 심는 사람들,
    2021.

곽한영 외,『법교육학입문』, 박영스토리, 2022.

● 논문

「촛불시위 참여가 청소년들의 정치의식에 미친 영향에 관한 연구」, 서울대학교 석사학위논
    문, 2004.02.

「법과 사회 교과서에 대한 고등학생들의 인식 조사」, 시민교육연구, 2005.09.

「초중학교 학생들의 소유권 개념 변화에 관한 연구」, 사회과학교육, 2005.12.

「실용지능의 예비교사 교육과정개선에 갖는 함의에 대한 연구」, 시민교육연구, 2006.03.

「한국 법교육의 현황과 전망」, 법교육연구, 2006.06.

「한국형 청소년 법정 모델 개발을 위한 기초 연구」, 시민교육연구, 2006.06.

「소년원 고사의 교직인식」, 법교육연구, 2006.12.

「초중등 교육과정 및 교과서의 원자력 이해교육 내용분석 연구」, 사회과학교육, 2006.12.

「법교육이 청소년의 법의식에 미치는 영향에 관한 연구」, 서울대학교 박사학위논문, 2007.
    02.

「사회과 갈등해결교육 모형으로서의 또래 조정 모형에 대한 고찰」, 시민교육연구, 2007.06.

「사회과에서 국가의식 교육의 방향에 관한 연구」, 사회과교육, 2007.06.

「초등 사회 교과서 국제 비교 연구」, 사회과교육, 2007.09.

「초등학생들의 사회 교과서 어휘에 대한 이해도: 6학년 2학기 사회 교과서를 중심으로」, 시
    민교육연구, 2007.09.

「다문화교육 관련 법령의 문제점과 개선방향」, 교과교육학연구, 2008.10.

「국민참여재판, 어떻게 가르칠 것인가」, 법교육연구, 2008.12.

「청소년 교정교육으로서 법교육의 가능성」, 교정연구, 2009.04.

「다문화교육정책 국제비교를 통한 우리나라 다문화 교육정책의 방향 모색」, 시민교육연구, 2009.06.

「헌법교육의 접근방식과 내용요소」, 법교육연구, 2009.06.

「교원 연수과정에서 법교육의 현황에 대한 연구」, 교사교육연구, 2009.08.

「다문화 교육정책의 문제점과 개선방안에 대한 연구 – 헌법상의 교육권 개념을 중심으로 –」, 법교육연구, 2010.06.

「숙의민주주의의 현실적 의의와 한계에 대한 연구: 2002년 촛불시위 사례를 중심으로」, 교사교육연구, 2010.08.

「초기 사회과 교과서에 나타난 법교육의 양상에 관한 연구 – 교수요목기 공민 1 교과서를 중심으로 –」, 법교육연구, 2010.12.

「교육현장에서의 저작권 가이드라인에 관한 연구」, 법교육연구, 2011.06.

「법의식 연구의 경향에 관한 연구 – 법의식의 개념을 중심으로 –」, 법교육연구, 2011.12.

「미국 법교육 교과서의 변천 과정에 관한 연구」, 교사교육연구, 2012.04.

「중국 중등교육에서의 법교육 – 연변 조선족 사상품성 교과서 분석을 중심으로 –」, 법교육연구, 2012.06.

「사회적 자본으로서 신뢰의 형성과정과 사회과 교육의 역할」, 중등교육연구, 2012.12.

「시민법교육(PLE)의 의미와 접근방식에 관한 고찰」, 법교육연구, 2012.12.

「교칙에 대한 태도가 고등학생의 준법행위에 미치는 여향」, 법교육연구, 2013.04.

「담임교사의 의사소통 유형이 고등학생의 민주 시민성에 미치는 영향」, 법과인권교육연구, 2013.04.

「교육연극 기법을 활용한 법교육 방안 연구」, 법교육연구, 2013.08.

「초중등교육에서 헌법교육의 현황과 과제」, 법교육연구, 2013.12.

「교육연극으로서 모의재판 수업모형의 재구성」, 법교육연구, 2014.04.

「창의적 체험활동을 활용한 법교육 교수학습방안 연구」, 법교육연구, 2014.08.

「SNS를 활용한 사회과 블렌디드 러닝 모형 개발 연구」, 교사교육연구, 2015.06.

「Educational Meaning Of Imagination In Dewey's Philosophy」, *TURKISH ONLINE JOURNAL OF EDUCATION TECHNOLOGY*, 2015.08.

「교육연극을 활용한 법교육 사례연구 – 캐나다 BC주 Justice Theatre를 중심으로 –」, 법교육연구, 2015.12.

「법적 딜레마를 활용한 법교육 교수학습방안 연구」, 교사교육연구, 2015.12.

「계기수업을 통한 민주시민교육의 사례연구」, 법교육연구, 한국법교육학회, 국내전문학술지 2021.08.

「홍콩 민주시민교육 교과서 분석연구」, 법교육연구, 한국법교육학회, 국내전문학술지 2022.12.

법교육이란 무엇인가

초판발행	2025년 1월 2일
지은이	곽한영
펴낸이	노 현
편 집	한두희
기획/마케팅	조정빈
표지디자인	BEN STORY
제 작	고철민 · 김원표
펴낸곳	㈜ 피와이메이트
	서울특별시 금천구 가산디지털2로 53, 210호(가산동, 한라시그마밸리)
	등록 2014. 2. 12. 제2018-000080호
전 화	02)733-6771
f a x	02)736-4818
e-mail	pys@pybook.co.kr
homepage	www.pybook.co.kr
ISBN	979-11-7279-065-3 03370

정 가   14,000원